傅鐘55響

劉廣定────著

傅斯年先生遺珍

目　錄

1.傅鐘五十五響（代序）

一、引言

　　傅斯年先生，字孟真。民國紀元前十六年（1896）3 月 26 日生於山東省聊城縣。民國 2 年入北京大學預科，8 年畢業于北京大學中國文學門，是當時提倡新文化的先鋒，也是五四運動學生領袖之一。考取山東省官費赴歐洲留學，1920 年起先後在倫敦大學和柏林大學研習。民國 16 年（1927）回國任中山大學文科學長。翌年積極籌劃及負責創建中央研究院歷史語言研究所，任所長以迄謝世。抗日戰爭時期曾任國民參政會的參政員，勝利後代理北京大學校長（1945-46）。民國 36 年夏赴美療養，37 年 10 月返國，38 年 1月 20 日任臺灣大學（以下簡稱「臺大」）校長。「就職之後，處理校務，無間朝夕，體力不支，而前在美國治療之效果，遂因此而喪失無遺。三十九年十二月二十日在省參議會答復參議員詢問後，淬患腦溢血，急救無效，于是夜十一時二十二分與世長辭。」[1]

---

[1]　那廉君，〈傅故校長事略〉，《國立臺灣大學校刊》第 101 期，民國 40 年 1月 8 日。

中國近代史上，傅先生不僅是少有的大學問家和教育家，也是極富行政能力的實行家。關於其為人，胡適之先生曾在聯經出版事業公司民國 69 年出版《傅斯年全集》（以下簡稱「臺北版」）的序中說：

> 孟真是人間一個最稀有的天才。他的記憶力最強，理解力也最強。他能做最細密的繡花針工夫，他又有最大膽的大刀闊斧本領。他是最能做學問的學人，同時他又是最能辦事、最有組織才幹的天生領袖人物。他的情感是最有熱力，往往帶有爆炸性的，同時他又是最溫柔、最有條理的一個可愛可親的人。這都是人世最難得合併在一個人身上的才性，而我們的孟真確能一身兼有這些最難兼的品性與才能。

可惜這樣一位難得的人才在世卻還不足五十五年，真可說是「大造無情奪此公」[2]。傅先生擔任臺大校長僅 23 個月，但臺大校園裡有他的墓園──傅園，有每天指引學生作息時間的「傅鐘」，而臺大的校訓是他在四週年校慶時所表達對學生的期望。也可見臺大對傅先生貢獻的感恩與追思了。他逝世週年日，座落在臺大校園的新紀念鐘鳴五十五響，護送他的靈灰安息斯土。

　　傅先生逝世後，臺灣與海外有不少人寫了許多紀念文字與研究著作，並出版《傅斯年全集》「臺北版」。大陸在改革開放後，也出版了不少有關的專書和文章。湖南教育出版社增添許多「臺北版」

---

[2] 傅先生逝世後，臺大化學系潘貫教授曾賦「悼念傅校長」七律三首，此為第一首之末句。

未收的資料，2003 年編成了一部新的七卷本《傅斯年全集》，惜仍
不全。

二、拾遺的經過

　　筆者是民國 45 年（1956）八月考進臺大的，當時除了知道傅
園和傅鐘是紀念已故傅斯年校長的，還聽說大一國文的教材一學期
史記，一學期孟子乃傅校長早年所規定，其他就沒什麼了。但讀研
究所時及就業後，業餘以讀書遣日，閱及一些傅先生的著作和旁人
所寫有關傅先生的文章，才漸漸認識其偉大之處。後遂刻意尋找有
關書文閱讀，以期對傅先生有更多的認識。千禧年（2000）應邀參
加高雄科學工藝博物館所舉辦紀念李約瑟百年誕辰的「科技史國際
學術研討會」，為撰寫論文而發現李約瑟鉅著《中國之科學與文明
（ *Science and Civilisation in China*）》（或譯《中國科學技術史》）成
書之初期得到傅先生很大的幫助，兩人之交往也未受各種相關傳記
作者的青睞。因此前後寫過〈傅斯年與李約瑟之友誼與學術交流〉[3]
（見本書第 4 篇），〈李約瑟《中國之科學與文明》的促成者──傅
斯年〉[4]（見本書第 5 篇），〈傅斯年 1946 的一篇佚文──「送李約
瑟博士返英國」〉[5]（見本書第 6 篇）三文篇以為補佚。

---

[3] 研討會筆者發表之論文，後載《東西方科學文化之橋──李約瑟研究》2003
年號，頁 44-48，（上海）科學出版社。
[4] 《歷史月刊》2000 年 12 月號，頁 119-123。又載《世界漢學》第二期，頁
130-133，2003 年。
[5] 《科學文化評論》第 6 卷第 1 期，頁 68-72，2009 年。

　　本世紀之初，筆者為其他目的而查閱民初北京著名的《晨報》，發現民國 8 年（1919）有兩篇傅先生的「投書」及一篇關於傅先生的報導，向未見他人有言及者。然傅先生赴歐之前接受《晨報》之聘為「駐英特派員」，民國 9 年（1920）2-8 月曾發表過〈青年的兩件事業〉等四篇報導。王汎森《傅斯年：中國近代歷史與政治中的個體生命》英文版（2000）[6]，「湖南版」《傅斯年全集》第一卷（2003）均有載。唯不知何故，民國 8 年傅先生在《晨報》所寫有關高等教育及未來志趣等文，兩書均付闕如！筆者乃發表了〈傅斯年早年遺珍〉[7]（見本書第 2 篇），並開始留意傅先生是否還有其他佚文。

　　臺大為紀念傅校長逝世六十週年，民國 99 年（2010）8 月曾舉辦「傅斯年學術思想的傳統與現代研討會」，筆者應邀發表論文。於撰寫〈傅斯年先生早年對「通識」與「科學」的認識〉一文[8]（見本書第 3 篇）時，發現必須讀過傅先生「早年遺珍」，才能更了解他在《新潮》和《新青年》等所發表之言論。因而想起傅先生之史學乃重視史料完整性之史學，曾提出影響深遠之「上窮碧落下黃泉，動手動腳找東西」原則。又趙元任在紀念陳寅恪先生的一篇文章裡說：[9]

---

[6]　臺北聯經出版事業公司 2013 年出版此書中譯本。

[7]　先發表於《歷史月刊》2007 年七月號，頁 110-115。又補充發表於《中國文化》2008 年秋季號，頁 161-172。

[8]　研討會筆者發表之論文，載《通識在線》第 32 期，頁 39-42（2011）。

[9]　《談陳寅恪》，頁 27，傳記文學出版社，1970 年。

　　寅恪總是說你不把基本的資料弄清楚了，就急著要論微言大義，所得的結論還是不可靠的。

這真是最正確的科學方法——憑證據說話。若想正確了解某一人或某一事，則務必盡量蒐集相關資料。故筆者不辭簡陋，續加搜羅。總共獲得傅先生到臺灣前之遺珍 8 件[10]（見本書第 9 篇），以及蒞臺後的 25 件[11]（見本書第 10 篇）。藉這 25 件遺珍之助，對於傅先生在臺灣之各種作為，確可了解更深。

三、史料之重要

　　現舉一說明。前引王汎森之專著中有一段說：「傅斯年也預想到臺大可能終於會被本土化（nativized）。他堅持給予臺灣籍學生特別的關照，並送他們到國外學習。」[12]；然所謂「本土化」似與傅先生之思想相悖，王汎森之依據是彭明敏在《自由的滋味》一書所述：[13]

---

[10] 王志剛、馬亮寬主編，《傅斯年學術思想的傳統與現代》頁 466-485，天津人民出版社，2011 年。

[11] 這 25 件遺珍係陸續獲得，曾於《傳記文學》2013 年五月號頁 32-42 發表10 件，十二月號頁 128-134 發表 8 件。全部「傅斯年校長在臺時期遺珍」25 件見本書第 10 篇。

[12] 王汎森，《傅斯年：中國近代歷史與政治中的個體生命》，英文版（Cambridge University Press, 2000）頁 189；中譯本（聯經出版公司，2013）頁 241。

[13] 彭明敏，《自由的滋味》頁 86，彭明敏文教基金會，1995 年。

這時，臺大來了一位新校長，傅斯年；他是一位開明的自由主義者，雖然有時作事顯得相當專橫。他立刻查覺到臺灣和臺灣人環境很特殊。他公開宣稱，他相信臺大最後有一天應由臺灣人來管理，而他這個信念成為他的基本政策。他不但設法網羅臺灣籍教授，並且努力培養已在大學裡的年輕臺灣人。

但其中所謂「他相信臺大最後有一天應由臺灣人來管理」，只是彭明敏的想法，並不合於事實。蓋傅校長在民國 39 年的一次校務會議中對辦理中基會資助臺大教員出國進修事的報告說：[14]（見本書第 8 篇）

……因祖國人士自抗戰以來，出國進修之機會多得多（此就一般言，個人自各有不同），而臺籍同人獨少，此為不可忽略者。且本校辦理此事，並無泛泛為國家培植人才之公心，乃是單獨為臺大培植教員之私意。臺籍人士大體說來，將來留臺大之可能性較多，今如一視同仁，猶之以同一國文英文之標準責之于中學生，恰如莊子所謂「以不平平，其平也不平」。

故那一年入選中基會資助赴美之五位教員中四位是臺灣省籍，兩位畢業生都是臺灣籍。他又在〈泛說國立臺灣大學〉一文中說：[15]

---

[14] 《國立臺灣大學校刊》第 66 期，39 年 5 月 1 日。又見拙作〈從胡適的一封信看傅斯年苦心經營臺灣大學之例〉，《胡適研究通訊》2014 年第一期，頁 22-27。見本書第 8 篇。

[15] 《新生的臺灣》第 73-74 頁，民國 39 年 10 月 25 日，「臺灣新生報特刊」。

> ……臺大自去年至今年，辦過選送教員和畢業生出國研究一
> 事，先後用各種方法選送過十四人，內十三人為臺籍。因感
> 於臺籍教育人士在過去較少機會赴歐美進修，為本校培植教
> 員。使將來可久留臺灣起見，所以使臺籍者獲得優先之機
> 會。但這個辦法，將來要逐步改變的。

都很清楚說明優先選送臺灣籍教員和畢業生，是對臺灣同胞日據時
期受到歧視之補救，也表達對臺灣省籍人士將來可能久留臺灣，有
助於臺大發展之期望。

再者，傅斯年校長臨終前在臺灣省參議會中請參議員鼓勵臺灣
女子升大學，和鼓勵臺灣學生多研讀文科，加強對政治的興趣，[16]
以去除日據時期輕視女子之陋俗及限制殖民地青年發展之劣政。故
知傅校長是從教育的觀點特別照顧曾受日本殖民壓抑之臺灣省籍
青年，而非其他原因。王汎森可能因未見過上述三件傅校長之遺
珍，誤信彭明敏一廂情願的說法。也由此可知史料之重要，更令人
欽佩陳、傅兩位大師之卓見。

四、傅校長在臺灣的一些貢獻

傅先生任校長差一個月才滿兩年，但已將日本帝國主義者以殖
民與「南進」為目的之日本舊制帝國大學轉變成以發揚中國和世界

---

16 《新生報》民國 39 年 12 月 21 日。

文化，教育青年為目的之中國國立大學；建立風氣和制度，奠定發展基礎。其效率與成就，真是無可倫比。他在就職前即公開說：[17]

> 余辦學態度是「開誠心，布公道」六個字。希望人人合作，共同努力，求安定和進步，使其成為一個理想大學，諸君必能相信余決不以敷衍態度辦理臺大。……目前最大困難為經費與宿舍問題，故余接事臺大，最初一個月將致力于總務方面。至教務方面工作，在二個月後始能着手改革。

果然他在三個月內，已爭取到修繕房舍，興建教室與學生宿舍的經費；弄清楚臺大繁雜待解的主要問題，於第一次校務會議提出七大項「本校初步中心工作」之施政計畫，目標在建立制度，改善教學，充實圖書期刊，增設教室與學生實習室；研究設備則先充實少數當下財力人力所能擔負者。在在表現實事求是，重視教育之原則。他又公開表示支持魏火曜院長，整頓缺失很多的附設醫院。[18]一年半後不但計畫大部分完成，還將招生事務做到絕對的公正與公平，杜絕請託；也建立了審慎的教師聘任制度，重訂嚴格的學則；並認真匡正學校行政之積弊，使臺大面目一新。

　　傅校長治校坦誠公開，勇於負責。初到任即辦理教授、副教授薪資之調整，民國 38 年 5 月 7 日發布辦法，詳細述說原委，且聲明「辦理此事，其決定及責任在斯年一人。」[19]他也聽納學生意見，妥為改進，絕不敷衍了事。據當時任化學系助教的羅銅壁先生告

---

[17] 《新生報》民國 38 年 1 月 20 日。
[18] 參閱本書第 7 篇〈鞠躬盡瘁 死而後已——傅斯年校長與臺大〉。
[19] 《國立臺灣大學校刊》第 30 期，民國 38 年 5 月 20 日。

知：由於總務處採購手續緩慢，化學系曾因藥品未到而不得不暫停學生的某些化學實驗，學生向校長抱怨後，傅校長為免影響學生之學習，而特准以後由化學系自行採購藥品，故不再有暫停學生實驗之弊。[20]

傅校長為了盡可能不讓學生失學，於辦理三十九學年度招生時，甘冒不韙而一再延期放榜，並優待臺籍考生入學。他曾向省參議員報告說：[21]

> 臺大因為體念臺籍學生國文程度較差，所以每人總分都加十分，因此在原來合格者之外，臺籍學生又增加了六十四名。如此比例來說，臺籍學生報名率佔百分之四十二，錄取率却佔百分之四十六，實已優厚的多。至說學生招得太少，在臺大立場，認為今年招收八百餘人，已嫌太多。並且錄取標準也一再降低，實在只能做到這種地步。

又說：[22]

> 今年招收學生夠水準者僅三百多人，但題目也較去年困難，只好放寬標準。最初由三百人，降低水準收五百人，再降低收七百人，而至八百人，最後只錄取了八百六十四人。

---

[20] 2014 年 2 月 15 日羅教授與筆者之談話。
[21] 民國 39 年 9 月 10 日《公論報》。
[22] 民國 39 年 9 月 10 日《新生報》。

學生程度雖普遍降低，但校方採取加強教導及認真執行學則辦法，因而許多學生努力向學。據報載：[23]

> 國立臺灣大學校長傅斯年氏，於該校成立五週年校慶前夕，答覆記者詢問其感想特稱：「這一年來，臺大是否在進步中，留待社會人士作公正的批評，但有一點值得告慰社會的，是臺大學生研究學術風氣濃厚」。他說：「每到晚上，大多數學生排隊進入圖書館自修，這種向學的精神，使我感到臺大學生是在發揮教育的功能」。

辦教育這樣才算是成功。

他的另一德政是一直極力為家境清寒或隻身在臺學生爭取公費與獎學金，解決學生膳宿問題。他對學生的愛護和關心，由《傅故校長哀輓錄》中之相關紀念文可見一斑。民國 38 年 4 月 6 日發生軍隊不經法律程序逕入校園逮捕學生的「四六事件」，傅斯年校長極度不滿，向警備副司令彭孟緝提出三個條件：一、速辦速決；二、軍警不得開槍；避免流血事件；三，被捕的臺大學生，先送法院，受冤者，儘快釋放。[24]據當時一位曾被捕的學生許嘉惷於 1996 年 10 月某日受訪時說：[25]

> 傅校長對於不在警總預擬名單上而被拘捕、但後來審訊後飭回的學生相當照顧。叫我們去校長室，一人給我們一百塊，

---

[23] 民國 39 年 11 月 15 日《公論報》。

[24] 俞大綵，〈憶孟真〉《傅斯年全集》（臺北版）第七卷，頁 233-247。

[25] 《臺大「四六」事件考察》報告（校內文件），頁 46，1997 年 6 月 7 日。

帶我們去吃麵線，說：「你們臺籍學生，臺北隨便找也可以
住，所以宿舍都給大陸流亡過來的第一優先，你們暫時忍
耐，宿舍我漸漸蓋……。」

傅校長個人雖然反共，但他對不反共的師生仍一視同仁。「四六事
件」之後，協助一些隻身在臺而願回大陸的，於是年 5 月 20 日政
府頒布戒嚴令前，安全離開臺灣。

　　曾任臺灣省主席、後任行政院長的陳誠先生和傅斯年先生私交
甚篤。民國 39 年 8 月，政府調整軍公教人員待遇，實施實物配給
制度。傅先生曾於 7 月 8 日致陳誠一長函，對此案壓低公教待遇有
所批評和建議，政府因而進行了部分修正，充分說明他並非只關心
臺大和教育，還表現了對整個臺灣社會廣大群眾的關懷。陳誠的回
憶錄裡說：「斯年的急公好義的精神，至今讀之，猶覺躍然紙上。」
又說：「假使斯年多活幾年，對於我當有更多的匡正，這四年行政
院長做下來，也許比現在還能有一點成績。」[26]又據《吳國楨傳》
第 445 頁（自由時報社，1995）所述，陳誠院長原與省主席吳國楨
不和，因傅校長「從中緩頰」而解決了問題。可以看出他有影響執
政者的能力，對臺灣社會的發展曾起下一些未為人知的正面作用。
民國 39 年底與 40 年初，臺灣省舉辦第一屆縣市長及議員選舉，原
為官派但表現甚佳的臺北市長吳三連辭職參加競選，傅校長曾撰讚
詞表示支持，[27]也顯示他對庶民生活及地方自治政策之關心。

---

[26] 《陳誠先生回憶錄——建設臺灣（上）》，頁 449-452，國史館 2005 年。
[27] 本書第 10 篇。〈傅斯年校長在臺時期遺珍〉第 25 件。

五、大星隕歿

　　傅先生在臺大學校長任內，夙夜匪懈，戮力從公，還須參加許多校外的活動，以及應付各種責難或攻訐。因此高血壓復發，1950年夏又患膽結石。12 月中曾向當初勸說他出任臺大校長的朱家驊抱怨說，「你把我害了，臺大的事真多，我吃不消，我的命欲斷送在臺大了。」[28]不料一語成讖而數日後大星隕歿！

　　傅校長逝後，治喪委員會與家屬協議，在臺大校門旁植物園內建一紀念碑亭，於傅先生逝世週年日安葬傅先生骨灰。之後植物系有位柏銓先生致中文系毛子水先生一函，建議鑄鐘一座紀念傅故校長。他說：「傅先生一生努力於攻擊頑劣及喚起國家之正義，今以此鐘繼續發揚之，呼喚後世學子繼續為自由為正義努力上進。」[29]消息傳出後，兵工署表示將鑄贈「高二呎，直徑二呎五吋，重五百磅」紀念銅鐘一具給臺大，[30]鐘上鑴「敦品勵學　愛國愛人」八個字。

　　民國 40 年 11 月 27 日，「傅斯年先生逝世周年紀念籌備委員會」第一次會議決定：[31]

---

[28] 朱家驊，〈悼亡友傅孟真先生〉；《國立臺灣大學校刊》第 101 期，民國 40年 1 月 8 日。

[29] 《國立臺灣大學校刊》第 103 期，民國 40 年 1 月 22 日。

[30] 《中央日報》民國 40 年 4 月 24 日。

[31] 《國立臺灣大學校刊》第 146 期，民國 40 年 12 月 10 日。

(一) 十二月廿日舉行安葬典禮，不另舉行紀念會。以後每年
　　傅先生誕辰，由中央研究院及臺灣大學舉行紀念會。

(二) 十二月廿日上午九時由臺大學生代聯會新舊主席及傅
　　先生伳公子二位輪流捧靈骨由家中步行出發，送葬親友
　　隨後，經新生南路，入臺大正門，至墓園後方以臺大校
　　旗蓋覆，十時安葬，鳴爆並敲紀念鐘五十五響，（敲鐘
　　事須先向地方當局及防空司令部取得聯絡），安葬之
　　後，即舉行公祭。公祭時間，自午前十時至十二時止。
　　公祭次序，第一為家屬，第二為本會，第三為中央研究
　　院及臺灣大學，以後為臨時參加之團體及個人。均由家
　　屬答謝，下午自由祭奠，由本會派人照料。

(三) 安葬典禮除傅先生逝世時所組織之治喪委員會委員外
　　不另發通知，僅在報紙刊登啟事，並說明不受輓幛一類
　　之弔唁品。
　　……

第二次會議又建議將安葬傅故校長之臺大植物園定名為「傅園」，為臺大第 178 次行政會議通過此項建議。[32]自此之後，臺大校園內有了「傅園」，也有了「傅鐘」（傅故校長紀念鐘）。鐘敲五十五響，是紀念傅故校長在世五十五年，也是唯一有意義的，且有文字紀錄的鐘響數。

[32] 《國立臺灣大學校刊》第 147 期，民國 40 年 12 月 20 日。

六、傅鐘五十五響之後

民國 40 年（1951）12 月 20 日，在簡單而隆重的安葬儀式中，紀念鐘五十五響後，一代大學者、大教育家傅斯年校長從此安息於他鞠躬盡瘁以致身殉的臺大校園內，應了他「歸骨於田橫之嶋」的心願。傅故校長雖在臺大任職僅 23 個月，但給臺大奠下基礎之貢獻是永遠的；他從民國 7 年（1918）投入新文化運動以迄辭世只約有 33 年，但他對近代中國教育、學術及文化的影響也是永遠的；都不會隨五十五響鐘聲消散而去。唯因有關傅先生的資料蒐集尚不完整，對他的認識未能全面。筆者不揣寡陋，簡述一些傅先生在臺灣的貢獻，並希以拙文及附篇，拋磚引玉。期望不久之後有「完整版」的「傅斯年全集」和更詳盡的有關「傅斯年研究」可以問世。是為禱。

初稿載於《中國文化》第 39 期（2014 年春季號）頁 128-133
臺灣光復七十年（1945～2014）之光復節前夕修訂完稿

2.傅斯年先生早年遺珍

　　傅斯年先生是近代中國少有的大學者與大教育家。一般多認為他的教育思想建構於留學英、德時期，其實不然。傅先生就讀北大時，就已對現代高等教育有了相當深度的認識。

　　民國 7 年（1918）10 月 8 日的《北京大學日刊》有一篇長兩千餘字的「傅斯年致校長函」，表達他對大學學科與學術發展的意見，或許是因標題不明顯，未為後人所注意。臺灣版的《傅斯年全集》限於編輯時的條件而未收，2003 年大陸湖南教育出版社增輯的新版《傅斯年全集》雖將之改題為「致蔡元培：論哲學門隸屬文科之流弊」，依然未見教育界相關人士有所重視。但翌年七月傅先生另有一篇有關大學教育的長文「安福部要解散大學了」載於《晨報》，則未見研究傅斯年思想的學者，或我國的大學教育研究者言及。連 2003 年湖南教育出版社的新版《傅斯年全集》也未收入！又民國 8 年 9 月 9 日，傅斯年為見美國駐華公使芮恩施之一學生代表，且是主要的發言者。《晨報》11 日所刊出「傅君」所言，是他青年時期的見解與志向，惜鮮見完整之介紹。至於是年底傅先生出國留學前返鄉探親，路經濟南，撰成之「濟南一瞥記」，載。除報導日本圖我之惡行等，其中並有關於山東教育之現況，然亦為《傅斯年全集》所漏收。今介紹這些「遺珍」於後，以饗讀者。

一、五四餘波

　　民國 8 年五四之後，各地紛紛響應：學生罷課、群眾遊行，不絕如縷，事態愈形擴大。但北大校長蔡元培已於 5 月 9 日將被捕學生保釋後，請辭離開北京。六月三日學潮又起，北京學生被捕者逾千。六日，大總統徐世昌明令曾於民國 3 年至 5 年任北大校長的胡仁源署理校長，卻遭北大教職員與學生，甚至學界的公開反對。政府只好再請蔡校長盡快回任，謀求解決。

　　然蔡元培已同意北返之同時，北洋政府中保守、親日的「安福部」（又稱「安福系」或「安福派」）鼓動由蒙古籍議員克希克圖，於七月向國會提案，要教育部恢復民國元年大學制而廢除蔡元培等後來所修改的辦法，企圖阻蔡元培回任。同時也冀藉此防止學生運動及教授宣揚新思想。學生得知消息後，群表反對。當時即將從北大畢業的傅斯年自云「窮一夜之力」，撰成「安福部要解散大學了」長文投稿《晨報》。刊出後更引起各界的重視，也因而促成著名的北大學生互訴事件。唯不知何故，多年來這篇長文一直未為人注意。

二、「安福部要解散大學了」

傅先生此文用了引人注目的副標題：「破壞的人—克希克圖、胡仁源　　破壞的方法—變大學制，換大學校長」。文長七千餘字，分七部分，限於篇幅，節述如下。

（一）前清大學學制之由來

傅斯年說明清末的「分科大學」，乃抄日本學制。除課程上與設施上的缺點外，還有兩種基本誤謬。第一、不是學術教育。第二、從「高等學堂」起即分文理，只可算專門學校。再加上主持人仍用老作風，把大學弄得像書院，像衙門。

（二）說明民國元年大學制

民國元年頒布了新的大學令和大學規程，有兩點比前清進步。（1）以研究基本學術的文理兩科為大學的本位，確定大學教育是學術教育。（2）改高等學堂為大學預科，設在大學裡，故教學上可以聯絡銜接，互相照應。

（三）民國元年至五年大學的狀況

但傅斯年認為民國元年的大學令中，只做到「預科不獨立」。至於「學術教育」的真精神，非前幾任校長所能明白的。大學裡雖有「文、法、理、工、商、農」六科，「但是只有六科的空架子，其實沒有一科像樣的。」他指出胡仁源任校長時有六大缺點，又批評胡仁源：「（1）借著校長的地位拉攏些政界的人。（2）不管事實如何，鋪排出一個大局面，空空洞洞、模模糊糊，給大家瞧瞧，顯他的能力，卻不問學生的所得。」

他比較胡、蔡兩校長說：「胡仁源辦的大學是衙門，蔡校長辦的是大學。胡仁源做的是官，蔡校長做的是校長。胡仁源辦的是空架子，蔡校長辦的是實事求是的學校。」故其結論是：「固不能說蔡校長如何完美，如何不可及，不過由蔡校長辦法辦下去，很有些發展的希望，要是由胡氏的辦法辦下去，大學裡不能保存一線的人格。」

（四）蔡校長第一次改革大學的計畫

民國 6 年 1 月，蔡校長就職後的第一階段改革，傅斯年認為有五項成就，並都加以解釋。除第一項「變更胡氏時代所造成學生升官發財主義的不良風氣」無庸質疑外，二、三兩項的說明，是他當年對大學教育的見解，最值得一述。

　　傅斯年說明第二項「將北大工科與北洋大學工科合併」的理由，是因為北洋大學的工科已有基礎，天津一帶有許多工廠可以實習，但是北京大學缺乏工科設備，而且「國家辦學堂，原是求有用的，不是求無用的，與其在相離甚近的地方，同時辦兩個科目都同的工科大學，何如專辦一個，力求完善的好。……不重複了，然後力量專一，可以希望多發展些……果能合成一個，力量厚了，組織更完善了，對於來學的只有益處。」而且考慮北京大學的財力，「就是因陋就簡的辦去，也斷不夠又辦理科，又辦工科的。」

　　他又說明第三項「實行民國元年大學令中大學以文理兩科為主」之必要，是「因為大學以學術教育為主旨，文理兩科裡所教的是基本學術，所以文理兩科應當為大學的基本科。」先強調「文理兩科」是有輕重緩急之分。並考慮現實，「大學沒有充足的經費和人力，自然須得先整頓文理兩科，漸漸的到其他科，一齊整理，是做不到的。」

（五）文理科合併之理由

　　民國 7 年夏天，蔡校長進行第二次改革計畫，把文理兩科併合為一，叫做本科，其餘的法、工、農、醫、美術等科做分科。傅斯年解釋其區別，在前一項裡所包括的是一切「基礎學術」，後一項中所研究的則是從這基礎學術推衍出去的「實施學術」。

　　他認為：「大學從性質上論去，是發展學術教育的地方。所以文理兩科是大學的特有。」；「文理合科，全在求學術的會通，發揮學術教育的作用。」其主要理由是：「哲學就是科學的會通，科學就是哲學的分枝。哲學是實事求是的學問，決非玄虛之府。文學也

與科學並目為用，文學家必須用科學做材料，做精神，纔可免去中國古來人相傳下來抱殘守缺、幽艱晦澀的惡習慣。而科學家也必須浸佔些文學的趣味纔可有個更開展的空氣，不局促的景象。」而大學是學術教育，專攻之外，學術的成就，全靠「會通」。「必不是一孔的見識，纔可以造得成學問。」

傅斯年了解西洋大學，每校歷史不同，情況也不同。學制參差不齊。但在中國，「我們既不受歷史上的約束，很可以創一個形式和精神一貫的新學制，又整齊，又會通的學制，我認（為）這樣改革，是北京大學的第一種成績。」

他另節錄了幾條新近通過的「大學本科學科課程編制法」，說明當時北大的課程，從略。

（六）克希克圖的意見書並不成理由

克希克圖的意見書是要恢復民國元年大學學制。然傅斯年認為其理由「不是造謠，就是胡說，再不就是曲意羅織」，且有自相矛盾處。如論「大學預科不當不獨立」，但預科不獨立，是民國元年的舊制。

（七）安福部的用意和我們對待的方法

他明指克希克圖之目的，「就在蔡元培一人之去職」而非「學制」。「況且他的目的還不止消極的去蔡氏，而在積極的弄他們同黨的胡仁源來。一旦大學換成安福部的校長，一切安福部的醜事……

都有傳授的地方了。……以這樣的人表率大學，將來成一種甚麼風氣，可想而知。」因此傅斯年呼籲：「我勸諸君不要認這事以為是大學校長個人問題，要認定這事件與全國教育界的前途有無量關係，多想法子，拼命的抵制去。」他並提出四項具體的方法。從略。

三、與芮恩施之談話

芮恩施（Paul Samuel Reinsch, 1869-1923）原為美國威斯康辛大學教授，民國 2 年至 8 年任駐華公使，8 年 9 月退休回國。因他對中國很友好，在山東問題上為中國仗義執言，也很支持學生的行動。北京學生聯合會原擬開歡送大會以致惜別之意。但芮恩施不得空閒，乃託北大校長代表蔣夢麟，約北京學生會代表見面。九日下午六時半，北京學生會所派之代表北大張國燾、傅斯年，燕大瞿世英、王德甫及高師戴驊文五人隨蔣夢麟至美使館。張國燾致學生聯合會之送別函，芮恩施並與學生談話，《晨報》11 日刊出他與傅斯年的對話內容，現摘要如下：

> （傅君）北京與各地學生對於芮使此番回國俱懷無限感想。……先生在華數年，實留一不能磨滅之感情於華人心上。而數年中中美邦交之隆，乃歷史上所不可忘者。……尤望以美國民治精神導引吾華智慧的發展，使華人於智識上，生活上與世界為一體，然後有以固世界之康寧。

　　（芮使）盛意極感。……此番學生運動發生後，我實佩敬中國當此時會，自必有此類之提醒作用。國家事項非學生所能一一處治者，但當為智識的傳播，發布刊物，以國民智識之提高為謀。……此後國家仰仗於學生者至多，望發憤為之，我自必時常為友誼的協助。

　　（傅君）……數月來之學生運動，原為提醒國人之作用。我等深信國家事件，非學生可得一一處治者，我等並不願一一為處治。特以各種方法喚起國人，使共負國民的責任心……有民族的覺悟，然後收共治的效果。此後當發憤為學術上之研究，謀勞働者之生活，以知識喻之眾人，以勞力效之社會。務使中國大多數人得一新生活，然後成中國民族之康寧，然後可與世界諸民族同浴於同一文化之流。……

　　（芮使）諸君此言佩極。……諸君所謂喚醒國人之作用，使國人共有民族的責任心與覺悟心者，實今時惟一之圖。……余極佩諸君之志，更切望此功之成。諸君個人願將來作何類事業，余頗樂聞。

　　（傅君）余等志不一。然中國今日之學生，簡括言之，有一共同之目的即以學者的態度悉心研治西洋近代的學藝，借為考究中國現日各問題之資助，求得一解決之方而謀向上之業。……將來服務社會中，決不向不適時、無生趣之舊社會投入。願獨立創造新生活，以圖淘汰舊生活。

以上為傅斯年青年時期的見解與志向，據《晨報》報導：「芮使聞此言頗為感動，屢稱將以中國學生所志告于美人，使美人知中國未來之希望在此。」

四、「濟南一瞥記」

　　同年 11 月 23 日的《晨報》第五版，有「孟真」所寫的「濟南一瞥記」。由於除了「安福部要解散大學了」一文以「傅斯年」之全名發表外，傅先生在《晨報》的其他文章，皆用「孟真」為名，所以這篇無疑為傅先生之作。其大要是報導：

(一) 日本人在礦產最富的博山和濟南商埠上，串通敗類，購地私闢租界。

(二) 一些官吏與軍官胡作非為，以致「山東的財政破產」。

(三) 有些政客收買地方人士，「安福國會的黴菌居然傳染到山東了。」

(四) 教育現況極差，專門學校「全在無心教育的人的手裡」。地方政府也壓制學生的愛國行動。

(五) 教育界已有新舊之爭，「持新主義的人數少而力量多」。杜威，胡適，蔡元培都將赴濟南演講，因而是可樂觀的。

五、結語

　　「安福部要解散大學了」一文表達了傅先生在北大學生時代從大學的沿革，蔡元培校長治校之所為，及他讀相關名著後所得到對大學教育的整體認識。他強調大學教育是學術教育，以文、理科為

基礎，「會通」為學術成就之必須；了解治校時人才、經費、設備之重要，且應以學生之所得為首要。他的看法與蔡校長不完全一致，也有策略對付官僚體系，甚為難得。這些都表現在他三十年後任臺灣大學校長時所言與所為，故可說這篇長文應是傅先生的大學教育思想之源吧。

傅先生出國前山東之行的報導顯示其對家鄉之關懷，和對山東教育前途的樂觀。至於他與芮恩施公使的談話更表現了對於中國社會問題的認識。故「發憤為學術上之研究，謀勞働者之生活，以知識喻之眾人，以勞力效之社會」。當時已考取山東省公費留學，所以表示將「以學者的態度悉心研治西洋近代的學藝，借為考究中國現日各問題之資助，求得一解決之方而謀向上之業。」目的在「創造新生活」。這是他早年的志向，也是他以後三十年所身體力行者。能不令人景仰不已？

遺憾的是，傅先生辭世太早。如再給他五年或十年，臺灣的教育，臺灣的學界將絕非現在這個樣子。

六、附帶說明

傅斯年在「安福部要解散大學了」文中或許是要強調蔡元培校長之不可換，對胡仁源等人的批評，似不盡公允。現簡介胡仁源與夏錫祺於下。

胡仁源（1883-1942）字次珊，號仲毅，浙江吳興人，清光緒二十八年（1902）舉人，曾至日本仙台高等學校攻讀及獲英國待爾模

大學工科碩士。返國任江南船塢副總理，宣統三年為大學堂預科學長，民國二年為北大工科學長。民國 3 年至 5 年底為北大校長，聘了許多新教師，如陶孟和、陳大齊和沈兼士兄弟等，為北大轉型過程奠下基礎，使蔡元培接任後的改革工作容易進行的多。民國八年六月六日大總統徐世昌下令其再任北大校長，但不為北大師生及學界所接受，只好仍回部任職。後來到民國 15 年曾短期擔任教育總長，曾任唐山交通大學教授，晚年則執教於浙江大學。民國二十年代，他曾為商務印書館的「萬有文庫」撰《造船》與《投影幾何》等，並為該館「世界文學名著」譯有蕭伯納之《聖女貞德》、《千歲人》等。《造船》一書亦收入臺版「人人文庫」。

夏某即夏錫祺（1877-1938），雖可能不識西文，但絕非如傅斯年所說的「中文幾乎不識字」。他是浙江鎮海人，字仲彝，也是清末舉人，並留日，1909 年畢業於京都大學哲學系。曾供職學部任主事，民國成立任北京師範學校校長，三年為北大文科學長。在他任內改變了京師大學堂遺留下的一些傳統，如聘進幾位「非桐城派文士」。民國六年一月辭職，後任山西教育廳長，著有《師範新哲學》（上海圖書公司，民國 3 年）。

（初載《歷史月刊》2007 年七月號，頁 110-115。

修訂稿及附文載《中國文化》2008 年秋季號，頁 161-172。

2013 年 12 月修訂）

3.傅斯年先生早年對
「通識」與「科學」的認識

一、前言

　　傅斯年先生（1896-1950）離開這個世界即將一甲子了。他不僅是近代中國少有的大學者與大教育家，也是中華民國史上唯一一位為校務盡瘁而逝的大學校長。傅先生執教的時間不長，負責北京大學和臺灣大學校務也不到三年，卻對「教育」有比很多人都深入的了解。早在民國二十年代初期，他就在《獨立評論》發表文章，指責：「這些教育家們奈何把中學小學的課程弄得五花八門，其結果也，畢業後於國文、英、算、物理等等基本科目一律不通。」[1]；「這般教育專家高談測驗、教學、行政、心理等等，似乎花俏的很。而於教科（sic, 教科書？）究竟應該怎麼樣，學生的知識如何取得，如何應用，很少聽到他們的議論，尤其少見他們的設施。」[2]；又說：「大學隨便添，高中滿了全國。即令這些學堂都好，也是為社

---

[1]　傅斯年，〈教育崩潰之原因〉。

[2]　傅斯年，〈答邱椿先生，教育崩潰的一個責任問題〉。

會造出無數失業的人來，而況幾乎都不成樣子。」[3]這不也都是當前臺灣「教育改革」後呈現的缺失？對大學教育而言，傅先生認為：「大學各科雖不同，皆是培植學生入於于專科學術之空氣中。」[4]而大學教師「應假定其于所教之一科有一種專門的訓練，而非為教書之販賣。應假定其于所教之一科有一個會通的觀點，則教出來自然有提綱挈要的布設。」[5]，似也是當前大學教育應加檢討之處。

　　傅先生就讀北大時期，就對近代教育思潮與高等教育有了相當深度的了解。其中「會通」和「科學」這兩個對他後半生學術成就影響甚大的要點之認識，也在此時獲得。民國 8 年 7 月 16 日、17 日、19 日及 20 日北京的《晨報》連續刊載所著〈安福部要解散大學了〉一文，已表達了他對此兩點的見解。惜多年來這篇長文一直未為人注意。民國 69 年臺北市聯經出版事業公司出版的《傅斯年全集》限於編輯條件而缺，2003 年大陸湖南教育出版社所出版，由北京大學歷史系增輯的新版《傅斯年全集》竟亦未收！筆者三年前（2007 年）發現此文後即在當年七月《歷史月刊》予以介紹。唯全文僅曾載於 2008 年上海文匯出版社出版拙作《大師遺珍》附錄，及《中國文化》2008 年秋季號第 165-171 頁，並未在臺灣刊出。今擬從這篇〈安福部要解散大學了〉述說傅斯年先生早年對「會通」與「科學」的認識及影響；並將全文附載於後，以供各界參考。

---

[3] 傅斯年，〈教育改革中幾個具體事件〉。

[4] 傅斯年，〈改革高等教育中幾個問題〉。

[5] 傅斯年，〈再談幾件教育問題〉。

二、傅先生早年之大學教育觀

　　傅斯年先生青少年時期飽讀傳統經籍,具有深厚之中國文史根柢。民國 2 年〈1913 年,十七歲〉進入北大預科,三年後入本科國文學門,表現皆極優異,為任教的國學大師黃侃、劉師培等視為衣鉢傳人。但自民國 6 年 9 月胡適應聘為北大文科教授,在哲學系講授「中國哲學史」等課程,傅斯年旁聽後感到十分滿意。他乃向胡先生請教、問學,接受了西方新學後不再囿於傳統思想與經學的成見,而投身於方纔開始萌芽的新文化運動。他更以勇者不懼的姿態,表達了他的思想和見解。曾摘出朱蓬先教授「文心雕龍」裡三十餘條錯誤,呈交蔡元培校長,請求補救。[6];也曾公開指出馬敘倫教授所著《莊子札記》中不妥之處,表示「失望」。[7]

　　民國 7 年 (1918) 10 月 8 日的《北京大學日刊》有一篇長兩千餘字的「傅斯年致校長函」[8],表達他對大學學科與學術發展的意見。傅先生認為哲學門不應隸屬文科。蓋:「哲學門尤宜入之理科,物理門之理論物理,化學門之理論化學,數學門之天文學、聚數論、微積分,動植物門之生物學、人類學,皆與哲學有親切之關係。在於西洋,凡欲研治哲學者,其算學知識,必須甚高;其自然科學知識,必具大概。今吾校之哲學門,乃輕其所重;絕不與理科

---

[6]　羅家倫,〈元氣淋漓的傅孟真〉,載《傅故校長哀輓錄》,臺灣大學出版民國四十年。

[7]　傅斯年,〈馬敘倫的《莊子札記》〉,載臺北版《傅斯年全集》第四冊。

[8]　大陸版《傅斯年全集》第一卷。

諸門謀教授上之聯絡，竊所未喻也。」且「哲學門之預科，應注重數學、物理；文學、史學之預科，則不必然。」然其觀點不盡正確，故蔡校長在其後加按語曰：

> 案傅君以哲學門隸屬文科為不當，誠然。然納入理科，則所謂文科者，不益將使人視為空虛之府乎？治哲學者不能不根據科學，即文學、史學，亦何莫不然。不特文學、史學近皆用科學的研究法也。文學必根據於心理學及美學等，今之實驗心理學及實驗美學，皆可屬於理科者也。史學必根據於地質學地文學、人類學等，是數者皆屬於理科者也。如哲學可並入理科，則文史亦然。如以理科之名，僅足為自然科學之代表，不足以包文學，則哲學之玄學，亦決非理科所能包也。至於分設文、哲、理三科，則彼此錯綜之處更多。以上兩法似皆不如破除文、理兩科之界限，而合組為大學本科之為適當也。　　　　　　　　　　　　　　　　　　　　蔡元培附識

當時傅先生對「預科」只覺課程安排不妥，與本科銜接欠佳，直到赴英留學方覺內容不甚滿意。他曾於民國九年在倫敦寫給胡適的信裡說：「近中溫習化學、物理學、數學等，興味很濃，回想在大學時六年，一誤於預科一部，再誤於文科國文門，言之可嘆。」[9]因此在下述之〈安福部要解散大學了〉一文主要乃談論大學教育。

　　他寫這篇文章的起因是為了「護校」和「擁蔡」。民國 8 年五四運動之後，北大校長蔡元培請辭出京。六月三日學潮又起，徐世

---

[9]　大陸版《傅斯年全集》第七卷。

昌總統明令曾於民國三年至五年任北大校長的胡仁源署理校長,卻遭北大教職員與學生,以及北京學界的公開反對。政府只好再請蔡校長盡快回任。然於蔡元培已同意北返之同時,北洋政府中的「安福系」(又稱「安福部」)鼓動由蒙古籍的眾議員克希克圖,於七月向國會提案,要教育部恢復民國元年大學制,企圖阻蔡元培回任。同時也可藉此防止學生運動及教授宣揚新思想。學生得知消息後,多數表示反對。當時即將從北大畢業的傅斯年自云「窮一夜之力」,撰成七千餘字長文投稿《晨報》。刊出後更引起各界的重視,也促成全國矚目的北大學生為「護校」而興訟的事件。[10]唯不知何故,此一長文多年來一直未為人注意。

此文分(一)前清大學學制之由來;(二)說明民國元年大學制;(三)民國元年至五年大學的狀況;(四)蔡校長第一次改革大學的計畫;(五)文理科合併之理由;(六)克希克圖的意見書並不成理由;(七)安福部的用意和我們對待的方法,共七部分。其要旨見前引拙作,除以下兩點外,本文不贅。

一,他認為只有蔡校長留任,北大才有前途和和希望。此因蔡校長已有多項成就,其中包括「實行民國元年大學令中大學以文理兩科為主」,因「大學以學術教育為主旨,文理兩科裡所教的是基本學術,所以文理兩科應當為大學的基本科。」先強調「文理兩科」是有輕重緩急之分。並考慮現實,「大學沒有充足的經費和人力,自然須得先整頓文理兩科,漸漸的到其他科,一齊整理,是做不到的。」而且,把文理兩科併合為一,叫做本科,其餘的法、工、農、

---

[10] 傅先生於多年後曾感慨「護校」一事未受重視。見〈漫談辦學〉,載臺北版《傅斯年全集》第六冊。

醫、美術等科做分科。其分別是「在前一項裡所包括的是一切『基礎學術』，後一項中所研究的則是從這基礎學術推衍出去的『實施學術』」。

　　二，他當年對大學是「學術教育」的見解為：「大學從性質上論去，是發展學術教育的地方。所以文理兩科是大學的特有。」；「文理合科，全在求學術的會通，發揮學術教育的作用。」其主要理由是：「哲學就是科學的會通，科學就是哲學的分枝。哲學是實事求是的學問，決非玄虛之府。…文學也與科學並目為用，文學家必須用科學做材料，做精神，纔可免去中國古來人相傳下來抱殘守缺、幽艱晦澀的惡習慣。而科學家也必須浸佔些文學的趣味纔可有個更開展的空氣，不局促的景象。」而大學是學術教育，專攻之外，學術的成就，全靠「會通」。「必不是一孔的見識，纔可以造得成學問。」

　　這篇長文雖說是為維護蔡元培校長之作風與改革，及拒絕安福系政客插手北大校務所作，但也表現了當年大多數人皆渾噩不覺時，尚未跨出北大校門的傅先生，已認識了大學教育中「通識」（會通）與「科學」（理科）之重要性，極為難得。

三、「通識」（會通）之重要

　　「會通」一辭源自《易繫辭》：「聖人有以見天下之動，而觀其會通，以行其典禮」，是「會合通變」之意。後引申為「融會貫通」。雖然傅斯年先生並未明說，淺見以為他所謂學術教育的「會通」有兩重意義：一是求專攻本科內的融會貫通，故他認為大學教授應在

「所教之一科有一個會通的觀點」(見上文);另一是專攻本科之外學科一定程度的了解,也就是說相當於當時歐美許多大學或學院的「博雅教育(liberal education)」。具有充沛的見識,又能靈活利用於思考和解決問題,「纔可以造得成學問」。

當時的年輕人,能了解「會通」之重要,想先成為博學多識通,然後專注於一門學問者不只傅先生一人。例如他的好友毛子水,初入北大就讀數學門,後到德國留學專攻科學地理,又曾研習希臘文,回國後卻專治中國文史考據學。又如他的內兄俞大維,初學哲學、數學,獲得數理邏輯博士。繼而研究西洋古典學術,又研究歷史、法理學和音樂,最後又改學彈道學,更進而研究戰略戰術,也是成就斐然。[11、12]

以傅先生本人而言,他在國內已自修讀過一些邏輯的書(詳下文)。在倫敦大學原擬專攻實驗心理學,但不僅讀了化學、物理學、數學和生理學等科學書,也讀過英國的哲學、歷史、政治、文學、戲劇等。到柏林大學後,又讀了相對論、比較語言學以及地質學,也學過梵文與藏文等。當然不可能每門都深入,但就「博雅」而言,則已綽綽有餘。這應該是他日後治學,及領導中央研究院歷史語言研究所和臺灣大學成功之一主因。雖一般人實難望其項背,唯就大學教育而言,博雅性質的「會通」確有其重要性。不佞就讀臺灣大學(1956-1960年)時,文學院同學必修「理則學」(邏輯)和「地學通論」(科學),理學院同學則必修「社會學」。應仍是傅校長留下的遺澤,唯效果似不見佳。

---

[11] 李元平,《俞大維傳》,臺灣日報社出版,民國 81 年。
[12] 羅家倫,同註 6。

　　當下臺灣各大學也在推行「通識教育」，雖有些學校（包括臺灣大學在內）採 liberal education 之名，實際上並非傅先生早年所說具有「會通」功能的「博雅教育」。大多數通識教育乃提供屬於一般常識性，實用性，甚至趣味性科目的「常識教育（general education）」。固然大學教育現已非早年之「菁英教育」，受教者亦不一定是菁英份子，但是大學仍是養成未來學術人才以及國家社會高層人才的主要教育場所。現行的「常識教育」無助於培育這些特殊人才，而真正的「博雅教育」也不能適用於一般學生。竊以為：如果大學有培育上述特殊人才的使命感，且有適當師資，似可擇部分有潛力的學生，施以類似當年傅先生所揭示具有「會通」功能的通識教育，或是一可行之道。

四、「科學」（理科）之重要

　　引導傅先生重視「科學」的，可能也是胡適，或再加上當時北大文科學長陳獨秀。胡適在北大授課時，就宣揚「輸入學理，研究問題，整理國故，再造文明」。並強調重視邏輯，講求方法，冀從「以科學方法整理舊學」入手，進而重估傳統文化，開創現代學術。[13]宣揚新文化運動的《新青年》雜誌，標榜的就是「民主」（德先生）和「科學」（賽先生）。陳獨秀在民國八年一月的〈本誌罪案之答辯書〉裡明說：「我們現在認定：只有這兩位先生可以救治中國政治上、道德上、學術上、思想上一切的黑暗。若因擁護這兩位

---

[13] 同註 6。

先生，一切政府的壓迫，社會的攻擊笑罵，就是斷頭流血，都不推辭。」[14] 唯《新青年》中論及「科學」的文章並不多。民國七年四月，傅先生發表的〈中國學術思想界之基本誤謬〉似是明言「科學」和「邏輯」優點的第一篇。他說：[15]

> 學之得失，唯器之良劣足賴。西洋近世學術，發展至今日地步者，誠以邏輯家言，詣精致遠，學術思想界為其率導，乃不流於左道也。

但那時他對「科學」的了解，只在日人翻譯 science 為「分科之學」之定義上。認為中國之學係

> 以人為單位之學術，人存學舉，人亡學息，萬不能孳衍發展，求其進步。

> 學術所以能致其深微者，端在分疆之清。分疆嚴明，然後造詣有獨至。西洋近代學術，全以學科為單位，苟中國人本其『學人』之成心以習之，必若枘鑿之不相容也。

傅先生在前引致蔡校長的信中認為：現代新哲學是近代自然科學發展的結果，不能離開科學而存在。從方法上看，哲學只能使用科學的方法，所以不懂科學方法不能談哲學。「以自然科學為哲學之根

---

[14] 陳獨秀，《新青年》第六卷第一號。
[15] 傅斯年，《新青年》第四卷第四號。

據，其用至博」。但他並未說明科學方法是什麼。民國八年元旦出版的《新潮》「發刊詞」內，他並未特別凸出「科學」。唯於毛子水所寫〈國故和科學的精神〉一文的「識語」中簡單地說：「研究國故必須用科學的主義和方法」。[16]

這時期他讀過幾種邏輯書，在《新潮》發表過〈英國耶方斯之科學原理〉之書評，認為 W. Stanley Jevons 的 *The Principles of Science, A Treatise on Logic and Statistic Method* 是「邏輯書中甚有價值之作…在此書中有一絕大發明，則以演繹、歸納不為二物，不過一事之兩面是也。此發明於知識論上極有價值，而培根、彌兒以難為要，重視歸納輕視演繹之學說，一括破之矣。」[17]以及〈失勒博士的形式邏輯〉介紹牛津大學 F. C. S. Schiller 批評「形式邏輯」之 *Formal Logic: A Scientific & Social Problem* 一書，認為「形式主義是個壞根性，用到那裡那裡糟。」他感嘆「治科學的不能借重邏輯的方法，治邏輯的不能使用他的方法，在科學的應用上」。最後還說：「一般講科學原理的人，不問實用，講科學實用的人，不許問原理，這都因為他把思想分析錯了。」[18]他又曾在〈清代學問的門徑書幾種〉文中指出「清代的學問很有點科學的意味」，並稱讚「樸學家」的精神與成就。但最後特別強調：「若直用樸學家的方法，不問西洋人的研究學問法，仍然是一無是處，仍不能得結果。」[19]均可表示他對邏輯與科學方法重要性的認識。

---

[16] 傅斯年，《新潮》第一卷第五號。
[17] 傅斯年，《新潮》第一卷第一號。
[18] 傅斯年，《新潮》第一卷第三號。
[19] 傅斯年，《新潮》第一卷第四號。

　　傅先生赴歐洲留學後，對科學愈加重視。在 1920 年一封致蔡元培校長信中說：「近代歐美之第一流的大學，皆植根基於科學上，其專植根基於文藝哲學者乃是中世紀之學院。今北大之科學成績何若？頗是可以注意的。跛形的發達，固不如一致的發達。願先生此後於北大中科學之教授法與學者對於科學之興趣上，加以注意。」甚至與即將往北大任地質學教授的李四光晤談後表示：「很感得學科學者之可敬」，而且「自念無力專致自然科，且恨且慚。」[20]。唯他當時不僅學習自然科學知識，並兼顧自然科學方法。就讀倫敦大學時所購不少關於科學的書籍，現尚存於中央研究院歷史語言研究所。[21]

　　傅先生返國後創辦歷史語言研究所，強調史料與史實的重要。於〈《史料與史學》發刊詞〉中說：「本所同人之治史學，不以空論為學問，亦不以史觀為急圖，乃純就就史料以探史學也。」[22]強調史料即是依據明確事實以探索問題的一種科學方法。也是胡適早年所提倡的「方法論」。胡適說：

> 我這幾年的文字，只是一種實驗主義的態度在各方面的應用。我的唯一的目的，是要提倡一種新的思想方法，要提倡一種注重事實，服從證實的思想方法。

這「實驗主義」「只是一個方法，只是一個研究問題的方法。」而此方法就是「細心搜求事實，大膽提出假設，再細心求證實。」[23]

---

[20] 大陸版《傅斯年全集》第七卷。
[21] 王汎森、杜正勝，《傅斯年文物資料選輯》，中央研究院出版，1995 年。
[22] 臺北版《傅斯年全集》第四冊。
[23] 上海亞東版《胡適文存》第二集第三卷。

可惜他自己後來將之簡化成「大膽的假設，小心的求證。」反造成很多人的誤解。

　　但是傅先生並未誤解，故重視「細心搜求事實」這一科學方法之基礎。他的學生屈萬里說過：「以科學的方法研究語文，在我國，固然是史語所的語言組導其先路；以科學方法從事田野考古，也是史語所的考古組開其先河。」[24]。由於傅先生的方法和目標正確，歷史語言研究所也成為第一個為國際學界敬重的中國學術研究機構。當前其他學術研究機構與研究型大學，實應考慮以為效法。

五、餘話

　　傅先生早年重視博雅教育性質的「會通」及強調方法目標的「科學」之觀點，確是促成學術教育和學術研究的正確門徑。唯在動亂頻仍、貧困不安的年代，頗難有所成就，未可強求。惜近年來，各種條件皆有利於教育和研究之發展時，仍少效法實行者。尤其是六十年前傅斯年校長為其校務而猝逝議場的臺灣大學，現也少能循其道而獲較佳實效，是一大憾事。

　　再有可議者，臺灣大學不顧傅先生一向尊重事實，講求證據的科學態度。竟然聽信傳聞，未予求證，將提示師生作息時間的「傅鐘」[25]響數，歸之於傅故校長一句不存在的「銘言」。也就是說，「傅鐘」二十一響是根據傅斯年校長的「一天只有廿一小時，剩下

---

[24] 屈萬里，〈敬悼傅孟真先生〉，載《傅故校長哀輓錄》，臺灣大學出版，民國四十年。

[25] 為紀念傅斯年校長所鑄之銅鐘，於傅校長忌辰週年安置臺大校總區內。

的三小時是用來沉思的」一句話而來。然這句話並不見於《傅斯年全集》和十幾種有關傅先生的書中，傅先生也似未表達過類似的思想。《國立臺灣大學校刊》亦無紀錄。何況「一天只有廿一小時」是不合科學事實的。故如為誤用，應即更正，才是對傅先生真誠的尊敬。

（原載於《通識在線》第 32 期，頁 39-42，2011 年；
「附錄」略，見本書第 9 篇）

4.傅斯年與李約瑟之友誼與學術交流[*]

摘要

從有限的信函內容和一些李約瑟所寫的書文中試圖爬梳出
李約瑟與傅斯年這兩位大學者間之友誼和學術交流情形。
初步的了解是:兩人友誼深厚,傅斯年在關於中國的科學與
文明方面曾給與李約瑟不少意見,並介紹相關學者給李約
瑟,也協助李約瑟收集多種資料。相信李約瑟編撰鉅著《中
國之科學與文明》的構思與完成雛形,受到傅斯年之助益
非尠。

李約瑟的《中國之科學與文明》一書第五卷第七分冊「軍事技
術:火藥之史詩》,是獻給傅斯年與俞大維的。為感念傅斯年,李
約瑟寫道:「在四川李莊,有一天晚上傅斯年帶領我們討論中國的

---

[*] 本文原為 2000 年 12 月 8 日在高雄科學工藝博物館舉辦之「紀念李約瑟博
士百年誕辰」科技史國際學術研討會發表英文論文(Friendship and Academic
Interaction between Joseph Needham and Fu Ssu-Nien. A Preliminary Study)。原
說明「為紀念李約瑟先生誕生百年及傅斯年先生逝世五十年而作」。正文之
外上有註 9 條,附錄為李約瑟與傅斯年來往英文信 10 件中文信 1 件。筆者
將原文譯成中文時略去「註」和「附錄」。後刊於《東西方科學文化之橋
——李約瑟研究》2003 年號,頁 44-48(科學出版社,上海)。2013 年 12
月 3 日增 1944 年 8 月 29 日傅斯年致李約瑟一函之內容。

火藥史;他是一位卓越的歷史與語言學家,同時也是戰時中國最熱烈歡迎我的主人。」顯然,傅斯年這位歷史學家不僅是位好客的主人,同時也是鼓勵李約瑟撰寫《中國之科學與文明》的激發者。因此,他們兩人之間的關係很值得研究。

李約瑟第一次抵達中國大約是在 1943 年 2 月 24 日。他先在昆明逗留數週,然後在 3 月 21 日飛到重慶,4 月底時開始他的四川西部之旅。在成都,他遇了黃興宗,並聘請他擔任祕書一職。李約瑟第一次寫信給傅斯年是在 1943 年 5 月 19 日。傅先生當時是中央研究院歷史與語言學研究所的所長(「傅斯年檔案」I-1005),李約瑟表示他和黃興宗計劃在 6 月 1 或 2 日到達李莊,但是並未如期到達。他們於 6 月 4 日拜訪了同濟大學之後,1943 年 6 月 8 日,李約瑟和傅斯年才在中央研究院碰了面。

依據李約瑟的描述,傅斯年是一位「山東人,年約 55 歲的偉大學者,有些西化,健談,相當的胖,容貌令人印象深刻,頭頂灰髮豎立。」實際上,那時傅斯年才 47 歲,可能是看起來外貌較為蒼老。李約瑟與黃興宗荏傅斯年家中住了一晚,那晚,他們討論到了許多事物,特別是中國的科學史,這可能就是前述「討論中國火藥史的晚上」。或許經由傅斯年的鼓勵,李約瑟「所提出關於科學史的疑問,造成了普遍的激動,使研究所中許多人趕快跑去找出他們原已見過的資料。」再者,李約瑟似乎也從他們得到不少新知,包括爆竹與火藥的歷史。他對這些研究所的評價極高,而說:「山上那些學者如我預料,是迄今遇到最傑出的。這些學科也是中國學者最擅長的。」(以上見李約瑟夫婦:Science Outpost,頁 44)李約瑟 6 月 30 日回重慶後,荏寫給董作賓教授的感謝函中表示,拜訪歷史與語言研究所,收穫豐盛(傅斯年檔案 I- I009)。依據李約

瑟的自述,傅斯年以硃砂筆在他的一柄黑扇背面抄錄了一段道德經,對於這件事情他十分感激(李約瑟夫婦:Science Outpost,頁45)。因此,李約瑟與傅斯年的友誼與學術交流於焉展開,一共延續了七年半,直到1950年12月20日傅斯年中風逝世為止。

由於筆者獲見的文獻資料不足,即使對這兩位大學者間的交往有些膚淺的了解也似不易。除了1943年5月19日的那封信之外,另見到六封李約瑟給傅斯年的信。傅斯年則有兩封信和一件教如何保養朱色印泥的說明給李約瑟,還有一篇1946年3月在李約瑟送別會上的致辭(Science Outpost,頁285-286)。雖然李約瑟《中國之科學與文明》一書中曾多次提及傅斯年,那篇歡送會上的演講稿是《傅斯年全集》裡唯一有關李約瑟的文獻。[1]另外還有兩封由李大斐(李約瑟夫人)寫給傅斯年的信件,也收在「傅斯年檔案」裡,但只是公事上往來書信而已(傅斯年檔案I-1007及I-1010為同一件,I-I008為另一件)。

1944年1月3日,李約瑟寫了一封長信給傅斯年,描述前往西北地區旅遊千佛洞的發現,還附上一份「甘肅敦煌千佛洞壁畫短篇報導」的副本(傅斯年檔案I-1013及I-1014)。當李約瑟自東南省份返回重慶時,又在1944年7月11日寫了一封信給傅斯年,感謝他所贈送的書,特別是一部善本的《天工開物》。他亦提及在桂林得到一些數學的古籍,還有版本不錯的《莊子》與《管子》(傅斯年檔案I-1011)。傅斯年於8月15日回了信,談到他對《莊子》

---

[1] 《傅斯年全集》中此文係依Science Outpost書中所載者譯成,但譯文所據為李約瑟改寫者,與傅斯年先生原作有出入。詳見拙作〈傅斯年1946年的一篇佚文——送李約瑟博士返英國〉(《科學文化評論》第6卷第1期,68-72頁,2009年)。

與《管子》版本的看法，以及對中古時期中國數學的見解。此外，他給李約瑟的信中提到王振鐸在復原指南車以及其他一些器物方面的成就（傅斯年檔案 I-1006）。這封信對李約瑟而言，應很有助益。因其引起李約瑟注意王振鐸的工作，也讓李約瑟了解傅斯年對中國數學的看法。傅斯年的看法與三上義夫相似，《中國之科學與文明》第三卷（英文本頁 151）均有引述。

同月 29 日傅斯年又致李約瑟一函（李 10-23-5），請李約瑟為史語所圖書館買十本英文書，並表示希望由英國官方贈送。唯不知買到了幾本？信裡也希望中英合作計畫可以為史語所補齊因戰爭嚴重殘缺的外文期刊。

也就在這個月，李約瑟寫成了一份「國際科學合作服務之具體建議備忘錄」（Science Outpost，頁 274-282），雖然傅斯年並非「科學家」，也得到該文件的副本（傅斯年檔案 1-I012），很可能因李約瑟曾向他諮詢。傅斯年對此備忘錄的回應並無記載，但不久之後，傅斯年致李約瑟一短箋，附有十一世紀古籍《武經總要》中有關爆炸物配方的抄錄。這是筆者看到傅斯年寫給李約瑟唯一的中文信件。這份資料非常重要，提供確實證明中國人最先發明火藥，比傳說中歐洲人的發現至少要早約兩百年。因此傅斯年說服了王鈴去研究中國火藥與火器的發明與使用史（《中國之科學與文明》第五卷第七分冊英文版頁 63，附註 d），導致王鈴 1947 年在著名科學史刊物 ISIS 上發表了一篇極佳的論文。也促成王鈴日後成為李約瑟不可或缺的合作夥伴。

在日本侵略者投降的前夕，1945 年 5 月 11 日，李約瑟曾寫信給傅斯年討論未來中英兩國的圖書館之間某種「租借」計畫的可能

性，他提到劍橋大學漢學家 Haloun 教授迫切高要一些中文書籍（傅斯年檔案 I-1035），但此事後續之進展則未知。

戰後，李約瑟在 1946 年 3 月回到英國。在離開重慶之前，他於 3 月 21 日寫信給傅斯年，告訴他已應蔣委員長之託寫了一份「中國科技的未來」機密報告，日內將呈繳，並附副本給傅斯年參考（傅斯年檔案 I-1164）。也很可能因傅斯年曾向他提供意見。顯然，李約瑟在華四年中，與中國學者和工程師交往頻繁而對戰後中國科學的發展有很多看法。雖然由於內戰隨即展開，摧毀了所有重建中國的計畫。但我們仍應感激他對我們中國人民的鼓勵·熱誠與盡心盡力。在歡送他的致詞裡，傅斯年拿李約瑟博士與明朝的利瑪竇神父，以及多位在清朝到中國來的傳教士學者做比較，並期待中英兩國間的科學合作能夠展開。他並指出李約瑟與其他外國人迥異之處在於：十分激賞中國人的堅持不懈，並且對中國未來充滿期待。在致詞裡，傅斯年也贊揚李約瑟對中國科學史的興趣和對道家的廣博知識。依據傅斯年的說法，他們經常討論中國書籍內容和校勘的問題，也有許多共同的見解。最後傅斯年引用《莊子》「山木篇」中「送君者皆自崖而返，君自此遠矣」一句結束了他的致辭。

傅斯年和家人於 1947 年 6 月前往美國治療宿疾。12 月時，李約瑟乘船自紐約至巴黎，傅斯年曾到碼頭，但兩人錯身而過。李約瑟後來自巴黎寫信給他，對於兩人未能會面一事表示惋惜，並希望傅斯年回中國時可路經巴黎以便相見（傅斯年檔案 I- 1 164）。他們兩人後來是否見過面不得而知。不過，兩人間的通信未斷。1949 年 3 月 6 日，李約瑟自劍橋大學寫信給已遷往臺北的傅斯年。表示自其姪傅樂煥處收到《周禮》，並表示已經準備妥當可以開始撰寫

《中國之科學與文明》。他還稱讚王鈴是一位「最可信任與勤奮的助手，對於他的合作我十分感激，且覺受惠良多。」李約瑟對傅斯年的關心在信末表露無疑，他說：「我極想知道你的近況及是否在臺灣能有段和平的時期維持歷史（語言）研究所的研究工作，我希望如此。…」

筆者認為，有充分的證據足可顯示，李約瑟與傅斯年兩人的私交情誼不僅深厚，再學術上也有許多交流，傅對李約瑟的影響，遠比李對傅斯年的影響更為深遠。傅斯年不僅是《中國之科學與文明》一書的激發者，更可說是催生者。他可能為李約瑟引薦了比之前更多的學者，並提供了不少書籍與相關資料。因此似可斷言，他對李約瑟規劃和構思這部書的原型應有相當的貢獻。再者，《中國之科學與文明》書中多處引用了傅斯年的觀點或判斷，例如：提到《莊子》各篇的真偽，道教徒在改朝換代時的活動，和「上帝」一詞在中國古時的意義等均是。

最後要說的是，傅斯年可能曾讓李約瑟相信，歷史語言研究所研究人員的成果，相當值得信任與尊崇。這態度有可能成為偏見，或許成為李約瑟鉅著的小缺陷。一個有趣的例子是關於中國人在三世紀就發現具有金屬鋁之事。1953 年，羅宗真與他的同事於宜興發掘晉代周處墓時，認為出土文物中的一些金屬片，主要成份是「鋁」。但由於不用電解技術幾乎無法製出高純度鋁的事實，因此，對這項「發現」出現了爭議。有些人質疑這項考古發掘的正確性。李約瑟卻認為「很難去懷疑這些二、三十年來中央研究院主持的工作所具高科學水準的人。」然而，後來已證明金屬片的主要成分實為銀，而非鋁。說來有點諷刺，羅宗真生於 1928 年，1950 年

畢業於金陵大學歷史系，因此他從未在傅斯年主持下的中央研究院
工作過！

致謝
　　感謝王道還先生所給與本研究至要的協助，以及中央研究院歷
史語言研究所傅斯年圖書館惠允查閱傅斯年檔案。

5.李約瑟《中國之科學與文明》的促成者
——傅斯年

前臺大校長傅斯年，早年留學歐洲歸國後，全心籌辦中央研究院歷史語言研究所。不僅對中國文史方面有深入研究，就連西方數學、物理、化學等學科也都興味深厚。來華研究中國科技史的英國學者李約瑟在 1943 年到 1946 年初，與傅先生多有過從，并且建立了深厚的情誼，在傅先生的促成下，完成了不朽巨著《中國之科學與文明》。這是一段鮮為人知的往事，似未見有人闡述。今擬略述這一事蹟以為揚顯，並紀念這兩位對中國歷史研究有巨大貢獻的大師。

一、初逢李約瑟

一九四三年，李約瑟教授受英國政府委派，以皇家學會代表的身份來到中國訪問，作為戰時盟友對中國科學家與工程師在艱困時局下奮鬥不懈的一種支持。他於 2 月 24 日左右到達，稍事休息后即訪問了西南聯大等處。3 月 21 日前往重慶，四月底赴成都，開始了到各地參觀訪問的旅程。李約瑟和他的秘書黃興宗于 6 月 4

日到達李莊，先訪問同濟大學，而於 6 月 8 日造訪中央研究院歷史
語言研究所。傅斯年和他見了第一面。

　　在李約瑟發表於《科學前哨》（Science Outport）的 6 月 10 日
日記所載的他在李莊城外四里中央研究院歷史語言研究所的訪問
經過，李約瑟是這樣描述傅斯年的：

> （研究所）所長是大學者傅斯年。他是山東人，約五十五歲
> （按：實際應為四十八歲），有幾分西化，是位醉人的健談
> 者，相當胖，容貌令人難忘，灰髮直立于形狀奇特的頭上。

李約瑟和黃興宗曾在傅斯年家中住了一夜，相信他們必有長談，而
且很多是關於科學史，特別是有關火藥問題的。因為李約瑟在 1986
年出版的《中國之科學與文明》第五卷第七分冊，是獻給傅斯年和
俞大維兩位先生的。有關傅斯年的部分李約瑟寫道：

> 紀念傅斯年，卓越的歷史和語言學家，那時在四川李莊，是
> 戰時中國最友善的款待者，那一晚他曾帶動了我們對中國火
> 藥史的討論。

李約瑟在李莊獲得許多他前所未知的資料，例如公元二世紀的爆竹
和北宋（1076 年）禁售火藥給金人的命令。因而知道至少在西方
自稱發明了火藥的許瓦茲（Berthold Schwartz）前兩個世紀，中國
已有了火藥。

　　傅斯年和李約瑟的相會非常愉快。李約瑟離開歷史語言研究所時，傅斯年在李約瑟的黑色扇子背後用硃砂題了一長段《道德經》。李約瑟非常珍視這把扇子，五十餘年後，此扇尚存。

二、兩人的交往

　　傅斯年先生的全集中，除了一篇轉錄自已故張儀尊教授編譯之《中國戰時之科學》（即《科學前哨》的節譯本）裡的《李約瑟博士歡送詞》外沒有其他言及李約瑟的文章。李約瑟除了《科學前哨》外，也只有在《中國之科學與文明》裡有幾處提到傅斯年。但是從中央研究院歷史語言研究所收藏的「傅斯年檔案」和傅先生捐贈的藏書，以及英國李約瑟研究所裏，可找到一些兩人來往的書信。由此可知兩人交往很多，并且建立起相當深厚的友誼，也有不少文化與學術的交流。這些資料包括七封李約瑟寫給傅斯年的信，傅斯年寫給李約瑟的兩封信和一件如何保存朱色印泥的說明。李約瑟的第一封信寫於 1943 年 5 月 19 日）說他和黃興宗將於 6 月 1 日或 2 日造訪李莊，那時兩人似尚未會面。第二封寫於 1944 年元月 3 日，主要談他參觀了敦煌千佛洞後的感想和計劃。第三封寫於 1944 年 7 月 10 日，感謝傅斯年贈他一部善本《天工開物》和其他一些書，並說他買到了一些中國數學古籍和「相當好的版本」的《莊子》和《管子》。第四封寫在 1945 年 5 月 11 日，談未來中英交換圖書借閱的計劃。第五封是 1946 年 3 月 21 日李約瑟將離開重慶回國之前，告訴傅斯年他應蔣主席之託，擬了一個中國未來發展科學與技

術的意見，還給了傅斯年一份「機密」的副本。第六封則是 1947
年 12 月 26 日在巴黎寫給正在美國養病的傅斯年，惋惜傅斯年到紐
約碼頭的時間不對，因而未能和已上船的李約瑟見面。第七封信是
1949 年 3 月 6 日李約瑟回到劍橋大學後，寫給已到臺北的傅斯年，
感謝由傅斯年的侄兒傅樂煥寄給他一冊影印的鄭玄注《周禮》，稱
讚王鈴的工作態度和對他的幫助，並說他欣賞王振鐸有關「司南」
的長篇論文。也說他即將開始撰寫準備已久的《中國的科學與文明》
一書。之後不多久，傅斯年又收到從上海的英國領事館寄來李約瑟
夫婦所贈《科學前哨》一書，所以把這封信貼在書中。此書現為中
央研究院歷史語言研究所傅斯年圖書館所收藏。

　　傅先生給李約瑟的信，筆者見到兩封。一封寫在 1944 年 8 月
13 日，向李約瑟介紹《莊子》和《管子》最佳的版本，也說明了
他對中國古代數學的看法，還告訴李約瑟有關王振鐸所從事復原中
國古代機械品的工作。另一封則在同年九月十五日。史語所的「傅
斯年檔案」所收為英文本，但李約瑟研究所另有中文本，內容為：

　　約瑟先生左右：
　　　　前囑代查中國舊籍中關於火藥之資料，頃已查得數條。
　　茲另紙抄奉，敬請查收是幸。專此敬頌
　　大安

　　　　　　　　　　　　　　弟傅斯年　敬啟　九月十五日

並且附了五頁從《武經總要》「前集」的卷十一和卷十二所抄錄有
關火藥的配方。

從這幾封信的內容看來,傅斯年和李約瑟之問必定還有其他信件的往來,可惜目前未能尋得。

三、巨著的促成者

李約瑟初到中國時已有意撰寫有關中國科技史之書。據黃興宗先生在《李約瑟研究著譯書系》的〈總序〉裡說:「1943年我初次見到他時,他對我說,他打算戰後花兩年時間,撰寫《中國科技史》。當時他為自己定下這項工作計劃,工作量究竟有多大,他心中無數。經向他會見的一些學者多次請教後,得悉不斷增多的資料在中國古典文庫內等待他,他才認識到,這不是一項輕而易舉的工作。」李約瑟自己也在第一卷《中國之科學與文明》出版序中說,在早期準備工作的階段,他曾得到許多中國學者的指點、協助和贈送他許多書籍,讓他衷心感謝,永誌不忘。雖然李約瑟並未特別提及傅斯年,但拙見以為傅先生是李約瑟這部書鉅著的重要促成者。

傅斯年先生曾留學英國三年半、留學德國三年,熟知歐洲文化、風土與人情。他有充實的中國文史基礎,在國外又學了心理學、語言學、數學、物理、化學等科學,可說是位博洽而學貫中西、了解科學重要性的文史學者。換言之,他具有大多數中國學者缺乏的條件,因此能和從英國來華打算寫「中國科技史」的科學家李約瑟相談投機,建立深厚的友誼。而且傅先生是位極端愛國的民族主義者,早就希望讓人知道「中國對世界文化的貢獻」(傅斯年:《談歷

史教科書》），想當然他會主動地積極促成這件事。前文所記他給李約瑟的兩封信都是提供資料給李約瑟，由李約瑟的信也知他不只一次獲得傅斯年所贈有關中國古代科技的書。

傅斯年先生在 1946 年 3 月歡送李約瑟返國的會上致辭中說：

> 李約瑟博士對中國科學和技術的歷史有濃厚的興趣，他和我常討論中國典籍和校勘的各種問題。

他並表示同意李約瑟所認為「古代中國人以道家最了解自然的知識，道家的文獻不能以神秘的眼光來詮釋」及「現代科學未在中國發生完全是因為社會與政治結構、環境和歐洲不同，而完全不是由于中國人天生不適合科學」。因此可知李約瑟對中國科學的一些基本觀點是經與傅斯年討論且獲傅斯年同意後確定的。李約瑟又在他的書中好幾次引用傅斯年的意見和看法，也可說明傅斯年對他的幫助。

還有很重要的一點是傅先生建議王鈴研究中國的火藥史（見附記），並把王鈴介紹給李約瑟。王鈴 1946 年底赴英國留學，在劍橋大學多年協助李約瑟整理資料，撰寫部分初稿，是《中國之科學與文明》一至四卷與五卷第七分冊的合著者。這部巨著的基礎與營建是靠王鈴的協助而成。

四、試釋疑點

　　雖然從有限的資料可知傅先生是李約瑟《中國之科學與文明》的促成者，但是李約瑟在 1954 年出版的這部巨著第一卷所寫《序言》向幾十位中國學者致謝時，並未特別凸出傅斯年，只簡單提到傅斯年送給他一部最佳版本的《天工開物》的事。而到 1986 年第五卷第七分冊出版時才彰顯了傅先生對他的幫助，將這本書獻給傅斯年和俞大維兩位先生。為什麼呢？筆者以為是「政治」因素造成的。

　　李約瑟在韓戰爆發後的 1952 年再度訪華，一方面從事韓戰中美軍使用「細菌戰」的調查，一方面在北京和瀋陽訪問，為撰寫他的《中國之科學與文明》而收集了許多書籍資料，也訪問了多位學者。或許是為了和中共政權維持良好關系吧，1954 年第一卷的序言中對傅斯年只是輕描淡寫而完全不提俞大維。但他終究是位念舊情、講真理的正人君子，1986 年還是把他的新書獻給了傅斯年和俞大維，而且 1984 年訪問臺北時也特別與俞大維會面敘舊。

五、附記

　　筆者一九八六年在澳洲雪梨參加第四屆中國科技史國際會議，首次會見王鈴先生，向他請教 1947 年在 *Isis* 所發表論文中疑點時，王先生說那是戰爭時期傅斯年先生指導他所做的研究，資料蒐集不易。他並謙虛地表示那是年輕時的舊作，錯誤很多，不值得再讀，有錯就請改正。其實王先生這篇火藥史論文正是李約瑟《中國之科學與文明》的縮影，採用了許多文獻資料，提出新的觀點，是盞引導後來研究者的明燈。

　　（原載於《歷史月刊》2000 年 12 月號，頁 119-123。）

6.傅斯年先生 1946 年的一篇佚文
——「送李約瑟博士返英國」

一、引言

英國學者李約瑟博士，以其主撰的《中國之科學與文明》聞名於世。促成他著手撰寫這部鉅著之一主因是他於第二次世界大戰時期來華三年多，結識了著名的歷史學者傅斯年先生，得到傅先生的鼓勵與協助[1]。該套書的第五卷第七分冊「火藥」，也因此獻給傅斯年先生和戰時擔任我國兵工署長的俞大維先生。

一九四六年 3 月，李約瑟博士離開重慶返英，傅斯年先生在送別會中曾發表一篇「送李約瑟博士返英國」，刊於重慶《大公報》。臺北聯經出版公司 1980 年編輯出版《傅斯年全集》時，大概是因為原作難覓，第七冊中（頁 195-197）所採用的是李約瑟夫婦合著

---

[1] 劉廣定，〈傅斯年——李約瑟《中國之科學與文明》的促成者〉，《歷史月刊》2000 年 12 月號，頁 119-123。又載，劉廣定，《大師遺珍》（上海：文匯出版社，2008），頁 159-170。

之《Science Outpost》一書中譯本所載英文送別辭的譯文[2]，2003
年湖南教育出版社新編的《傅斯年全集》第五卷（頁 495-6）亦因
之。然千禧年（2000 年）12 月高雄科學工藝博物館舉辦李約瑟百
年誕辰紀念研討會時，展出了一頁傅斯年當年講辭的英文稿，註明
載於 1946 年 3 月 7 日重慶發行之《大公報》。筆者發現其內容似有
異於《Science Outpost》書中所載者，如英文原稿起首謂「五年前」，
但《Science Outpost》中則是「三年半前」。乃思查閱中文原文，以
辨明究是英文譯稿之誤，還是李約瑟夫婦改動了傅先生的原文。惜
當時重慶版《大公報》難以找到，而疑問久未獲解。

今（2008）年 4 月筆者趁往北京中國科學院自然科學史研究
所，擔任竺可楨科學史講席之便。請北京圖書館出版部殷夢霞女士
協助尋找該文。承殷女士大力相助，覓得重慶《大公報》所載傅先
生的原文。得知《Science Outpost》書中之異文乃李約瑟夫婦所改，
且與大公報原文兩者之間頗有出入。至於改動前是否曾徵傅先生同
意，「傅斯年檔案」目錄中未見有關文件，故實情不得而知。謹先
將重慶《大公報》刊出之文照錄於下，之後再予討論。

二、《大公報》原文

　　　　送李約瑟博士返英國　傅斯年

　　　　　　　　（重慶大公報　民國三十五年三月七日）

---

[2]　張儀尊教授譯，《戰時中國的科學》（臺北：中華文化出版事業委員會，
　　1952），頁 311-313。

　　五年前倫敦皇家學會送他的會員李約瑟博士來中國，這在中國與西方文化交流史中是一件很值得記錄的事。自明萬曆年間來中國的耶穌會士利馬竇以後，很有些是有學問的人，但他們的目的，不是以科學溝通為第一義，他們雖是博洽的人，卻並不是先在西方負重名然後來的。清康熙年間，有來中國的學者，已先在他本國建立了學術的聲譽，但他們來中國的目的也與李博士不同。一個大邦的科學院，送他的院員到中國，專為科學的溝通，與中國的科學機關聯繫，在我們堅苦戰鬥中給我們很大的鼓勵，李博士之來中國要算是這樣的一個新紀錄，更應當是今後科學合作的新開始。

　　李博士在胚胎化學方面的貢獻，全世知名，不待，也不能，由我這外行人去說，我只說：他的熱誠，與多方的才藝。

　　在抗戰中的中國科學機關（包括大學）實在多不成其為科學機關，設備幾等於零，其中工作者事實上是無人理會的難民。原來在抗戰初起的中國學術水準，比現在高得多，經敵人的打擊，倉皇西遷，物質的困頓造成了精神的萎頓。在這樣情形下，外國學者驟來一看，一般來說，應該是失望的。然而李博士所得的印象並不如此，他的了解力使他看到事情的另一方面，他的熱誠使他有此了解力。與其說他看到我們的簡陋，毋寧說他看到我們的堅忍力；與其說他看到我們目前的落後，毋寧說他看到我們未來的希望。他仔仔細細的看了很多科學機關，看清楚他們正在研究的問題，看清楚他們工作的方式。有些機關，有些人，他以為在這種情形下還能這樣做，真是了不得的事情。他在華中間曾一度回國幾個月，曾在倫敦和他地作了多次講演，解說中國的學術界，引起了英國學界對中國的新感覺。先是他來中國之後，一面看，一面報告國內，在《自然》週刊上寫了幾篇敘述中國科學的事，中國的科學研究在外國有甚高權

威的期刊上由甚高的權威者作系統的敘述，也是創見。去年秋天，他應蘇聯科學院紀念會之請，到了蘇聯，更為中國科學研究作一詳細、實在，充富了解性的介紹。所以他回國以前已經替中國的學界作了優越誠信的代言人，不止一年了。

不了解我們而同情我們的人，自然是我們的好朋友，尤其在患難中。然而了解我們而不同情我們的人，他的話也許更應該聽些。最難得是又了解我們又同情我們的人，尤其是他的同情是由了解出來的。這樣的英國學人，我只見了兩位，前有羅素先生，今有李約瑟博士。

李約瑟博士對於中國科學技藝進步史最有興趣，他回國後大目的之一，是寫一部中國科學史。他能說中國話，能讀中國書，我們有時候還談談版本考證，兼以他在科學上的修養，以及多方面的興趣，在今天作這一事，恐怕世上沒有學人比他更有資格的。他仍謙虛的說：「我只作一個粗糙的輪廓」，不過我相信，這個輪廓一定是富有提示性及刺激性的。以他的思想，可以在輪廓中，捉摸到真義。以後經過批評、充實、反證，又回到原來的提示，這樣的情形，我們研究史學的是常見的。

他這書將來決不會是一個「大全」，一定是一個富有思想的書。舉一個例，他以為中國古代的自然知識，道家中甚多，老子書，決不可用神祕的色彩去解釋，儒家的起來，淹沒道家的自然知識，及其自然學派的哲學，至於自然學派如何為倫理學派所淹沒，是漢朝的政治環境所使然。我對此說是完全同意的。他認為中國科學之不發達，由於政治環境社會環境與歐洲不同，並非由於中國人與科學有隔閡。

他現在取道北平上海回國去了，我們也知道他回去後必於中英文化之互相了解與合作更有重大貢獲，也知道他將來還會回中國來，但我們依舊傷感。我們難得這樣一個患難中的朋友，難得這樣一個了解我們的朋友！莊子說「送君者皆自涯而返，君自此遠笑。」

三、討論

一九四二年 9 月，時任劍橋大學 Reader 的李約瑟（Joseph Needham）博士與牛津大學陶育禮（E. R. Dodds）教授，以英國皇家學會代表身份為英國文化委員會（The British Council）所選派，組成「英國文化科學赴中國使團（British Cultural and Scientific Mission to China）」，1943 年 2 月抵達昆明[3]，1946 年 3 月返英國，前後涵蓋了五個年度（1942-1946）。故傅先生原文為「五年前」，這是中國人的說法，並有強調時間頗長的意義。李約瑟則按歐美算法，只算確實的「三年半前」。

李約瑟博士初到中國，身分確是皇家學會的代表。一九四三年中英科學合作館（Sino-British Co-operation Office）成立，李約瑟夫人李大斐（Dorothy Needham）博士 1944 年也來中國，夫婦均任職館中，1945 年初李約瑟成為英國駐華大使館專員[4]。傅斯年先生

---

[3] 王國忠，《李約瑟與中國》（上海：上海科學普及出版社，1992），第 6 章。
[4] 王國忠，《李約瑟與中國》（上海：上海科學普及出版社，1992），頁 141。

重視皇家學會的學術地位，故只提「皇家學會」，李約瑟博士則欲強調其政府的官方身分，而稱乃受「英國文化委員會」所派遣。

傅先生認為英國學者中能了解中國學界，又同情中國的只有羅素和李約瑟兩人。但是李約瑟博士卻在改文中刪去羅素博士之名，使他自己成了前無古人的特殊人物，顯然是自己抬高身價。

文章敘述之前後，常有作者表達其認知上的因果關係。傅先生原文先述戰時中國科學家之研究表現，再述李約瑟博士對中國科學的觀點及欲撰中國科學技術史的計畫，似表示他認為李約瑟博士因看到當代中國學者在困境中之表現才悟到中國科學有其淵源。李約瑟博士將兩段前後倒置，似表示他的看法不同，但卻不符傅先生原意。

李約瑟的某些改文似乎有些「不通」。例如末段傅先生說：「我們也知道他回去後必於中英文化之互相了解與合作更有重大貢獻，也知道他將來還會回中國來，但我們依舊傷感。我們難得這樣一個患難中的朋友，難得這樣一個了解我們的朋友！」李約瑟竟將之簡化成：「他深信將再回中國來，但雖如此，我們依舊傷感。」（He is confident that he will return to China, but even so we feel sad.）[5] 把充滿感情的語句變成平淡的應酬話。或許是因中西文化背景的不同，李約瑟似不能了解傅先生話中表達的友情與謝意。而簡化後的下句緊接用《莊子》之言，語氣似欠順暢！

另有一處，傅先生原作中文本只作：「去年秋天，他應蘇聯科學院紀念會之請」，英文本則為：「Last autumn Dr. Needham was

---

[5] Joseph Needham and Dorothy Needham，*Science Outpost,* The Pilot Press LTD, London, 1948, p.286.

invited by the Soviet Science Academy to join the 220th Anniversary celebration」。《Science Outpost》中作「200th Anniversary」,但實為第 220 屆之誤。[6]

　　由於傅先生原文的英譯本,不甚高明,乃依中文逐字翻譯,有多處不合英文習慣用法。甚至誤稱利馬竇為「新教徒(protestant)」!無怪乎李約瑟博士必加修改,才能在其夫婦合著之書中刊出。但他改動了傅先生的原意,似有未妥。希望《傅斯年全集》有機會再版發行時,能採用本篇所錄之重慶版《大公報》原文,取代由張儀尊教授所譯李約瑟夫婦的改文。

後記:筆者衷心感謝殷夢霞女士熱心相助,使傅先生此文得以又見
　　　天日。

　　　(原載《科學與文化評論》第 6 卷第 1 期,頁 68-72,2009 年)

---

[6]　余廷明等譯,《李約瑟遊記》(貴陽:貴州人民出版社,1999),頁 306。

7.鞠躬盡瘁　死而後已
——傅斯年校長與臺大

　　國立臺灣大學第四任校長傅斯年先生（1896-1950）掌校政僅二十三個月，因夙夜辛勞而逝世。傅先生是愛國者，是大學者，也是大教育家和卓越的行政領導人。能在危難動亂、風雨飄搖的年代，不到兩年，就把一個從日本接收下來，以殖民與「南進」之基礎為發展目的、殘破的帝國大學轉變成以發揚中國和世界文化，教育青年為發展目的、略具基礎的中國式大學，可說是難能可貴，厥功至偉。傅校長是怎樣做到的，或做了那些事，有什麼影響？六十幾年來，除片段的敘述外，似尚無全面的探討。筆者是民國 45（1956）年才入學的晚生校友，但不揣簡陋，據文獻資料，以拋磚引玉之動機，略述這位偉大校長的治校歷程。

一、就職前的籌劃

　　民國 34 年 10 月 25 日，臺灣因日本戰敗投降而光復，正式重歸中國版圖。國民政府特派中央研究院植物研究所羅宗洛所長來臺，於 11 月 15 日接收臺北帝國大學，在原址按我國大學規章成立

國立臺北大學，12 月 15 日行政院院會通過，易名國立臺灣大學，並任命羅宗洛為代校長。但因當時行政長官陳儀專橫胡為，干涉校政，羅校長翌年七月辭職，由工學院陸志鴻院長繼任（參閱附錄一〈羅宗洛先生接收臺大之前後〉）。陸校長也是位謙和君子，無法抗拒陳儀，校務仍不能正常發展，衍生問題愈多。陳儀去職後，情況亦難有改善。民國 37 年 6 月，中央研究院化學研究所莊長恭所長繼為臺大第三任校長，因積弊已深，無力應付而於 12 月 7 日返回上海，並辭校長職。民國 37 年 12 月 15 日上午行政院院會通過任命中央研究院歷史語言研究所傅斯年所長為臺大校長，傅校長於 38 年元月 20 日正式就職。

傅斯年先生在未發表為臺大校長之前，就設法安排飛機，希望能動員北平學人南下，其中多為北京大學的教授，但效果不佳。12 月 15 日後更為積極，16 日寄鄭天挺一信如下：

天挺：

空運隊可即派兩架機到平，兄前信中所開三批名單，作一次走，又中航機亦可能到平，其他可走者，應即準備勿延，與剿總聯絡，務即辦好送。 斯年。

（附頁）

此頁乞轉 北大鄭秘書長天挺或清華梅校長！

弟傅斯年

一、今日（十六）中航五架機大部空歸，想校方未接頭好，可惜之至，以後必預先集中，每人只能帶隨身行李……（下略）

（見湖南教育出版社《傅斯年全集》第七卷，頁 354）

名單共四、五十人，但直到 38 年元月初最後一班民航機起飛，其中只有梅貽琦、錢思亮、毛子水、袁同禮、馬祖聖等少數人南下。另有不在名單中的清華大學劉崇鋐，輔仁大學英千里等。據先叔祖崇鋐先生晚年告知，那時傅先生親到南京明故宮機場接機，對於北大很少人南來，失望之情，溢於言表，但當下力邀非北大學人前往臺大任教。

莊前校長得知傅先生將接任臺大校長，立即寫了一封信，表示「目前校中情形及應辦急務，均思面罄。」傅先生也曾向羅宗洛先生（首任代校長）請益，故知傅先生在就職前，已了解許多臺大的問題。

二、師資及其他問題

大學要辦得好，師資最重要。由於臺大學生人數增加，師資不足且良莠不齊，傅校長於國民政府棄守南京、上海之前曾邀請著名學者赴臺，但少成功。例如氣象學專家，原浙江大學校長竺可楨（1890-1974）民國 38 年 5 月 17 日的日記裏寫道：

> 中午時得孟真自臺北電，囑赴臺大。余將函覆辭謝，因余十四年長浙大，若欲重執教鞭，亦非有一年之溫習，靜讀不可也。

其實，這只是他的藉口。竺校長本與政府的關係很好，然當時蔣經國甚至奉父命在上海找他去臺灣，竟遭拒絕。共軍 5 月 26 日進入上海，他的日記說：

> 談及政局、農山與余意相合，以為國民黨之失，乃國民黨之所自取，在民國廿五六年，蔣介石為國人眾望所歸，但十年來剛愎自私，包攬，放縱貪污，卒致身敗名裂，不亦可惜乎，余謂唐明皇開元，天寶二個時[期]截然不同，有一楊國忠已足以僨事，何況如楊國忠者尚不止一人乎？

「農山」是我國著名動物學家秉志（滿族，翟佳氏，1886-1965）的字。這兩位中央研究院院士的看法，也是那時許多學者的看法。同時，眾多學者經過八年抗戰，復員後才安居未久，不想再遷徙。也有人到臺灣後，對現況並不滿意。因此，傅校長不但請人很困難，一些原在臺大的著名學者也藉詞離開。如動物系系主任朱洗教授（1956 年中國科學院學部委員）於民國 38 年初寒假開始時回上海，未再返校；數學系姜立夫教授（第一屆中央研究院院士）與土木系陶葆楷教授（曾任清華大學土木系系主任）於 38 年暑假開始時離臺赴穗，到嶺南大學任教；政治系蕭公權教授（第一屆中央研究院院士）則於該年底前往美國，植物系主任李惠林（1964 年中央研究院院士）也於第二年暑假後前往美國。曾任北平研究院副院長李書華（第一屆中央研究院院士）雖曾到過臺灣，已接了臺大的聘書，卻前往歐洲，未嘗執教。傅校長曾給他的老友，也是傅太太俞大綵女士的親表兄陳寅恪大師（第一屆中央研究院院士）發了

聘書，並替他申請了臺灣入境證。但陳先生選擇留在嶺南大學，未來臺大。

　　傅校長雖新聘了不少著名教授，也停聘了一些表現不佳的教師，又以降等方式聘用一些新教師，以提高水準。如殷海光原是金陵大學副教授，但臺大只以講師延聘。唯至最後，傅校長對臺大的師資，仍覺不滿意。（見後文致李書華函）

　　民國 39 年 10 月 25 日是臺灣光復五週年紀念日，《新生報》出版紀念特刊《新生的臺灣》，其中有〈泛說國立臺灣大學〉一篇乃傅校長由文書主任周天健協助寫成。這篇文章裡說：

> 接收後的臺大。他承襲了日本時代的規模，算是夠大的了，但其原有設備，在日本人手裡，已因戰時遭受種種損失，和不暇兼顧而被忽略；我們接收之初，亦未注意加以清理，補救。又因中日學制的不同，還有許多設備；為原來所本無的。所以這個大學，規模雖大，常常便我們有「大而無當」之感。

他列舉了以下幾項缺失：

> 新近文獻之缺乏
> 儀器設備之不全
> 沒有大教室和大實驗室
> 有關基本課程設備之欠缺
> 原有房舍多年失修

而且各項缺失,「光復後的幾年中,沒有正視這一個問題。」然學生增加了五、六倍,「臺大原有的設備如彼,而學生人數的擴增則如此,其困難是不必詳說的。」

傅先生於民國 39 年 1 月 19 日蒞臺,20 日就職。表示將認真辦學之態度,及與中央研究院遷臺單位合作以提高臺大學術水準之計畫。到任後,乃積極了解現況並尋求治校對策。唯當時學生的問題極多,先有數起學生滋事案,不久又發生「四六學生事件」,給他增加許多困擾。四月八日臺大第四十四次行政會議決議請校長向陳誠主席提出以下四點:

(一) 凡載在名單內之被捕各生,即移送法院審訊。

(二) 凡不在名單內而被捕之各生,即予釋放。

(三) 以後如不發生新事件,絕不再行拘捕學生。

(四) 准許學校派人探視被捕各生。

傅夫人「憶孟真」一文(聯經出版公司《傅斯年全集》第七卷,頁 233-247)中也說:

> 孟真到校不久,共黨煽動學生蠢動,情形嚴重,孟真數次於半夜酣睡中,被電話叫醒,匆匆披衣,偕那秘書出門,應付緊急局面。
>
> 事隔多年,當時任警備總司令的彭孟緝先生,曾屢次提及此事。他說,孟真當時曾向他提出三個條件:第一、速辦速決,第二、軍警不得開槍;避免流血事件,第三,被捕的臺大學生,先送法院,受冤者,儘快釋放。

三、積極擬定與推行施政計畫

　　但傅校長於 4 月 16 日仍召開了三十七學年度第一次的校務會議，並事先發布校長報告內容。主要內容為其施政計畫「本校初步中心工作」，共七大項。內容如下：

一、自現在至明年暑假，本校應集中力量充實本校之一、二年級教學以發揮教育之力量，尤應注意下列各事項：
　　1. 增設大教室及學生實習室。
　　2. 充實本部總圖書館及法醫兩學院圖書分館，增加學生修習必需之教本及參考書。
　　3. 儘量請富于教學經驗或學術貢獻之教授擔任一二年級一般科目，加強學生實習。
二、為達到上項目的，儘先充實文理兩學院院內及他學院內之一般實習課程及其師資。
三、各學院一二年級必修課程其科目數屬文理兩學院者，由文理兩學院聘請教員。
四、由文理兩學院聘請教員之課程，設在他學院時，應與他學院共同議定科目之內容。為達到此目的，組織大一課程委員會，由教務長為主任委員。
五、研究事項，先就少數目下財力人力所能擔負者充實之。
六、儘早設法補齊本校所藏之期刊。

七、與建設機關之合作，儘量相機為之，以對本校確有利益
　　而不致影響本校目下財力人力為原則。

他並強調：

一個學校的教育，必須在根本上打下了堅強的基礎，學生在
三四年級能否受益，正靠他能否在一、二年級學得好。誠然，
第一流的大學，不能徒然是一個教育機關，必須有他的重要
學術貢獻，但是，也沒有一個第一流的大學，把他的教育忽
略了的。因為若果把教育忽略了，學生學不好，將來如何研
究？如何貢獻？先生不得好的學生，也要興致索然了。
　　　　　（見《國立臺灣大學校刊》第 28 期，4 月 20 日）

他又報告已向省政府陳誠主席爭取到經費，以修繕房舍，興建教室
與學生宿舍；也公開表示支持魏火曜院長，開始整頓附設醫院。這
次校務會議連開兩天，結束時傅校長致閉幕詞說：

本次會議，承諸先生熱心襄助成功，至為感謝。本次會議中
之決議案，斯年當全部接受，其關於斯年職權範圍以內者，
自當竭力去作。其須對外接頭者，立當盡最大之努力，但因
非本校所能決定，故究竟能作到幾分之幾，此時未敢預斷，
要當盡力作去。斯年以久病之身，任此繁劇之事，兼以大局
不能安定，意外事件又不敢必，故不能向諸位先生保證，可
以長久任職，但敢向諸位先生保證，在職一日，必當積極為

本校努力一日。本次會議，收穫甚大，斯年深以為幸，以後
仍盼諸位先生隨時指教！

　　　　（見《國立臺灣大學校刊》第 29 期，5 月 5 日）

充分表現了他的誠懇和決心，相信在那風雨飄搖的時期，給予臺大
同仁不少的鼓舞。

　　學生問題方面，除上述學生被捕之事外，又有臺籍轉學生與寄
讀生的問題，傅斯年校長均積極處理之。接著是三十八學年度招生
之規畫事宜，他於 6 月 19 日首次向臺灣省參議會報告及接受議員
質詢，並答覆劉闊才參議員說：

關於本校招考學生有下列四點方針：一、考試題目絕對嚴
密，不使外洩。二、閱卷絕對認真公平。三、錄取標準：完
全照成績決定，不受任何請托。四、優待辦法，曾經本人提
出招生委員會討論，原則已通過，惟辦法仍將詳商，最後決
定，至為公允，至招生委員，為免流弊，決不公布名單，總
之本人接長臺大，當盡棉力，以期成為第一流大學校。

　　　　　　　　　　　　　　（《公論報》6 月 20 日）

這次招生後由錢思亮教務長主持，非常成功。

　　傅斯年校長治校採坦誠，公開，實事求是的態度。他的施政策
略與方法，或藉《國立臺灣大學校刊》（以下簡稱《臺大校刊》）向
全校報告，或交報紙發表以公諸全民。除上述「本校初步中心工作」
外，民國 38 年還有以下幾篇：

73

　　「兩件有關臺灣大學的事」，《臺大校刊》第 34 期，
7 月 20 日

　　「臺灣大學一年級新生錄取標準之解釋」，《新生報》
8 月 24 日

　　「臺灣大學選課制度之商榷」，《臺大校刊》第 37 期，
9 月 5 日

　　「臺灣大學與學術研究」，《臺大校刊》第 41 期，10
月 24 日

　　「大學宿舍問題」，《臺大校刊》第 42 期，10 月 31 日

　　「研究與出版」，《臺大校刊》第 44 期，11 月 14 日

　　「國立臺灣大學第四次校慶演說詞」，《臺大校刊》第
45 期，11 月 21 日

在「兩件有關臺灣大學的事」文中提出「招學生」與「請教員」將
採嚴格辦法。(參閱本書「從胡適的一封信看傅斯年苦心經營臺灣
大學之例」)；在「臺灣大學選課制度之商榷」一文中傅校長鑑於當
時一般中學程度太差，大學制度有缺失，和缺乏兼有學術造詣與教
育興趣的教師，而提出了七項具體方案，全文見聯經出版公司《傅
斯年全集》第六卷，頁 167-179。他認為：

　　大學必須有基礎的訓練，既以補救中學教育之基礎，又以建
　　立大學教育之基礎，然亦必須在可能範圍內有選課擇師之自
　　由，否則不成其為大學。

此外，傅校長並於新學年開學不久，發出「卅八申儉第八一五三號佈告」戒止學生「習尚浮華，衣食奢侈」。

國立臺灣大學佈告

　　本校學風，素稱儉樸，然亦偶有有錢人之子弟，習為奢侈者。茲在學年開學之始，特行告知諸生。如有嬌養成性，習尚浮華者，務請不入本校之門；既入本校之門，即須改行自新，須知國家辦此大學，費錢甚多，經費皆民膏民脂，豈容此輩濫竽其內，浪費本校教育之努力！以後如見有習尚浮華，衣食奢侈者，必予以糾正，或開除學籍。

　　此佈

校長　傅斯年
中華民國三十八年九月二十八日

可見他對維持儉樸學風，養成學生生活習慣不浮華奢侈之重視。

四、辦成一流大學的至理名言

　　民國 38 年 11 月 15 日在臺大第四屆校慶典禮的演說詞中，傅校長說：

　　……不幸的很，這四年來我們這個大學的進步不能算快。所以我們今天拿接收的日子作校慶，心中不無慚愧！但仔細想

75

起來，日本時代這個大學的辦法，有他的特殊目的：就是和
他的殖民政策配合的，又是他南進政策的工具。我們接收以
後，是純粹的辦大學，是純粹的為辦大學而辦大學，沒有他
的那個政策，也不許把大學作為任何學術外的目的的工具。
如果問辦大學是為什麼？我要說：辦大學為的是學術，為的
是青年，為的是中國和世界的文化。這中間不包括工具主
義，所以大學才有他的自尊性。這中間是專求真理，不包括
利用大學作為人擠人的工具。由日本的臺北帝大變為中國的
國立臺灣大學，雖然物質上進步很少，但精神的改變，意義
重大。臺灣省既然回到祖國的懷抱，則臺灣大學應該以尋求
真理為目的。以人類尊嚴為人格，以擴充知識，利用天然，
增厚民生，為工作的目標。所以這個大學在物質上雖然是二
十多年了，在精神上卻只有四年，自然應該拿今天作我們的
校慶。

全文亦見聯經出版公司《傅斯年全集》第六卷，頁 226 至 231，明
確指出臺大辦學的目的與舊臺北帝大截然不同，兩者不應相混，唯
可嘆很多人在六十幾年後的今天還不明白。傅校長又向學生提出
「敦品、力學、愛國、愛人」的勉詞。幾年後校務會議通過改「力」
為「勵」，而定這八個字成為臺大的校訓。在校訓中明列「愛國」，
當是由於傅斯年校長是位維護、發揚中華文化的愛國主義者。他基
於民族主義與人道主義而「反蘇反共」，他反對中共採用蘇聯帝國
主義方式摧毀中國文化，所以特別標出「愛國」。（參閱附錄二〈傅
斯年校長的精神不見了〉）他並說明辦好大學的原則：

一個大學必須大家要辦好，才能辦好，便可以辦的好，決不
是校長要辦好的。我所謂大家者包括全校教職員學生工友在
內。諸位同學們勤學好善，先生們自然感覺到鼓勵，先生們
學而不厭，誨人不倦，諸位也自然得到啟發。大家一齊向學
術進步上走，這個大學自然成為第一流的大學。大家若是馬
馬糊糊的過日子。這個學校絕對沒有希望。我希望我們全校
有一個意志，這個意志就是使學校進步。在這個意志上我希
望全校合作，我尤其希望諸位同學對于學校一切事情隨時告
訴我，學校當局可以做到的一定去做，做不到的或不應作的
也應當向諸位說明白。諸位對學校有意見，都可以隨時找
我，諸位有什麼難處可以隨時找我，我們彼此的心理上應該
是一家人。沒有話不可談的，目的是使得我們的學校一天一
天進步，諸位在學校裏一天比一天有意義。這樣才可以使得
我們的大學成為宇宙間的一個有意義的分子。

說的話雖然淺近，卻真是欲辦成一個一流大學的至理名言。

五、影響傅校長健康的事件

　　民國 39 年臺大陸續發生了幾樁事件，影響傅校長的健康至
深。首先是元旦晚會有學生鬧事，指責演出歌舞有共產黨提倡的「秧
歌」，之後又在校內外作不當宣傳，攻訐校方而遭受開除或記過之

處分。傅校長曾公開發表〈臺灣大學安定如常〉，說明臺大依法處理之詳細經過，全文載於 1 月 22 日《新生報》。顯然有人藉此攻訐他，也有人造謠說他將棄職赴美，給他增添不少困擾。他特別在《臺大校刊》第 55 期（1 月 30 日出版）發布「給同事同學的公開信」如下：

諸位同事先生及同學：

　　近日校外校內傳言斯年將去國，將辭職，同事同學頻來問訊，敬聲明如下：

一、我之身體雖壞（久患血壓高），然久病之後轉不以為念。絕無于此困難之時，捨同事同學他去之理。

二、去年中華教育文化基金董事會以在美開會，須國內去人方足法定人數，故曾來電約去，期為二月八日。斯年以為此時去開會，必有謠言。明知有此一行，或可為臺大募幾許錢，然權衡輕重，仍不去，故當時立即電復不去（來往信件均在陳秘書渝生處，願看者可自由取閱）。

三、半年多，校外攻擊斯年者，實不無人，彼等深以不能以臺大為其殖民地為憾。然彼等原不知大學為何物，故如遂其志，實陷本校于崩潰。鑒於一年來同事同學對斯年之好意，值此困難之時，決不辭職，決不遷就，決倍加努力，為爭校之進步而奮鬥（下次校刊中登出此事有關文件）。

　　　　　　　　　　　　　　　　傅斯年　一月二十三日

　　三月底財政部職員苑振鵬在臺大附設醫院不治而引起家屬、友人與醫院之糾紛，雖院方並無過失，仍造成社會之大新聞，傅校長了解事實經過後，為此發表了公開聲明。《中央日報》4 月 9 日有載。

　　第二次世界大戰後聯合國援助中國的科學儀器於民國 37 年運至上海，到 12 月尚有二、三千箱未分配，教育部決定原屬於東北及華北各校者，撥給臺大保管。故自該年 12 月至次年 3 月有一千多箱運到基隆。不料臺大保管組股長楊如萍與駐校警察隊長周哲夫串通其他職員和校警，自倉庫中陸續盜走四十多箱變賣。於 39 年 7 月為刑警總隊與臺大聯合偵破，傅校長曾發表破案之報告全文，並表示有徹底整頓臺大之決心。全文載於《公論報》7 月 26 日。

　　臺大醫學院與附設醫院問題甚多。除醫院因手術後發生破傷風之糾紛，藥劑師盜賣藥品，又有醫學院主辦出納人員盜用公款等案。更有住院病人劉希聖，於 10 月 11 日上午凌晨自縊身死，都引起社會廣泛的重視。傅校長曾公開發表「劉希聖君在醫院自殺事件之調查」三千六百多字之長文，見 39 年 10 月 21 日《中央日報》。又有「關於臺大醫院」一文，詳述臺大醫院之眾多缺點，及努力改善之經過與成果，發表於 11 月 16 日《中央日報》，亦見聯經出版公司《傅斯年全集》第六卷，頁 264-284。

　　由於三十八學年度不少學生因種種原因遭到退學或開除，而卅九學年度招生遲至八月底才放榜，社會上嘖有煩言，傅校長除向省參議會駐會委員會報告之外，也在《新生報》9 月 9 日至 12 日發表「臺大辦理本屆一年級新生考試之經過」（又見聯經出版公司《傅斯年全集》第六卷，頁 243-254）。說明：「今年招收學生夠水準者僅三百多人，但題目也較去年困難，只好放寬標準。最初由三百人，降低水準收五百人，再降低收七百人，而至八百人，最後只錄取了

八百六十四人。……」，並特別說明是由錢思亮教務長一手執行，
比去年更有進步。有關學生曠課及考試不及格退學之說明，見 9
月 10 日《公論報》，又見聯經出版公司《傅斯年全集》第六卷，頁
255-263。另也答覆了有關公費生問題，宿舍問題，附屬醫院問題，
以及其他學生事務等許多問題。可見校務之繁雜，於傅校長的高血
壓宿疾，甚為不利。

六、臺大的一些成就

在前述〈泛說國立臺灣大學〉中傅校長說：

> 年餘以來，承臺灣省政府和當局的瞭解贊助，以及教職員諸
> 位先生的共力合作，使本校得以漸次克服困難，走向進步之
> 路，現在距離理想的境地雖然很遠，但前面所述幾個教育建
> 設上的基本問題。我們已全力在萬難中設法付諸實施，雖未
> 全部成功，也非一無成就。

以建築部分為例：教室方面，他說：

> 去年中已完成大教室三座，（十五間），小教室一幢（十一
> 間）另修改成多間。大實驗室在本校是一個迫切的需要，但
> 去今兩年，以限於財力，仍是對付，無法興建。預計明年可
> 建化學實驗室十二間。至於研究室，除原有者外，去年僅加
> 建森林系研究室一幢。（七間）

學生宿舍方面，他說：

> 臺大學生由五百餘人增至三千多人，而接收時並沒有學生宿
> 舍。以去年的情形來說，大多數學生是沒有家在臺北的，而
> 且其中又多為貧乏人家的子弟，或是臺南臺東的農家子弟，
> 在臺北無處可住，或是家在匪區，要求學校解決他們的住宿
> 問題。我初到校時，看見教室內，研究室內，乃至廁所內，
> 都住著學生，於是頭痛了兩三個月，決心開始建造宿舍，自
> 去年至今年，新舊宿舍合計，包括尚未完工的，可容一千八
> 百人，其中有容二百三十人左右的宿舍為政府所徵用，故實
> 際可住者，約一千六百人。按之學生總人數比例，其消納量
> 為二分之一，另有一部分是不需要住讀的，有一部分是不亟
> 需住入的。目前總算勉可解決。

可見當時重建臺灣大學之艱難。

傅校長對加強教學，考查學生課業以奠定基礎外，也重視貧寒
學生生活之救濟，他於上引文中說：

> 因臺大學生；窮困者居多；卅八學年度的公費生名額千餘人
> （包括獎學金及匪區學生救濟金）。本校為解決臺籍清寒學
> 生生活，過去並在經費中撙節一筆，設立「臺灣省籍清寒學
> 生救濟金」，工讀生的津貼也由本校設法自籌，過去維持三
> 百個名額。

他認為：

為了本校的教育建設。亦須首先全力解決這些最基本的現實
問題，否則侈談任何教育理想，都是空的。

民國 39 年 3 月 26 日的校務會議中，校長對修建學生宿舍事項也
表示：

> ……同人中或有不同之意見，以為何必集中精力，辦理此事
> 也。斯年認為修建學生宿舍一事，確佔臨時費中數字甚大，
> 惟大學雖亦可為一研究機關，實以教育為最急之務，此時學
> 生貧苦已甚，必須施以安頓，否則學生身心無處安頓，教育
> 從何談起…
>
> （見《國立臺灣大學校刊》第 62 期，4 月 3 日）

真是大教育家的真知灼見。

七、培育人才　保護學生

傅校長非常重視培育人才，尤其是加強栽培臺灣籍的師生。
因他認為臺灣省人在日據時代遭受不公平的待遇，接受高等教育
或赴歐美進修者較少，而且臺灣省人將永留在臺灣服務的可能性
較大。

以三十九年初傅校長向中華教育文化基金董事會（一般簡稱
「中基會」）為臺大爭取到七個赴美進修的名額為例，其中四位教

師及兩位學生都是臺灣籍。他於 4 月 25 日提出「校長對辦理本年中基會資助本校教員出國進修事之報告」(《臺大校刊》第 66 期，5 月 1 日)向同仁詳細說明遴選原則與行政會議決定之經過，以釋眾疑。

　　三十九學年度第一學期內傅校長有兩封給學生的公開信，誠懇率直，分別載於《臺大校刊》第 89 期(10 月 16 日)和第 92 期(11 月 6 日)，亦見聯經出版公司《傅斯年全集》第六卷，頁 285-293 和頁 294-299。說明無法建造大禮堂的原因，各種獎金的評審，宿舍分配等。他強調自己「公事公辦」與「說話算話」，也指出「臺大惰性」造成一些行政措施之滯礙難行。更不諱言學生的缺點，希學生反省改進。他說：

> 其實，諸位對于這個「臺大惰性」也有很大的貢獻！即如叫諸位不要畫黑板，偏要胡畫，使上課的先生每課為你們擦！又如住宿舍樓上的不要穿木屐，擾樓下住的不能安靜，偏要穿！又如自行車不要放得別人不能走路，偏要放！不要把廣告貼到大門的牆上，偏要貼！這樣例子不知有多少！不要以為這是小事，這是造成不長進風氣的大事！

再者，對於涉及政治事件的學生傅校長一向盡力保護。前文已述及「四六事件」後他向彭孟緝提出之要求，也因此保釋出一些學生。前引傅夫人「憶孟真」文中說：

> 孟真去世後不數日，即有當時被他保釋出來的學生，伴着父母，到我家來，跪拜在他的遺像前，焚香涕泣。

之後臺灣進入戒嚴時期，政府對加入共產黨，但無行動的學生，曾定自首辦法、以開其自新之路。三十九年七月四日臺大有一校長佈告（卅九午友校秘字第一〇二三三號）云：

　　近日國家民族對賣國殃民之共產黨作殊死戰，在臺灣之教育界，生活艱苦，努力奮鬥，皆為民族及個人之自由。本校既為國家設置之機關，即應遵從法令，執行正義，以驅除此項極權主義之敗類。本校風氣，年來進步不少，甚可樂觀，然難免尚有少數共匪份子混跡其間，雖不在校內活動，而在校外活動，偶然發現，實屬萬分可恨。為此提請全校師生員工一體注意，如在校內見有匪諜行為之人，或知其以前參加共產黨組織者，應立即直接報告校長，以資查明。如確有實據，當即將資料送保安司令部。斯年在校一年以上，諸同人同學必知斯年辦理此事，決不魯莽，以致誣陷任何人為匪諜，亦決不能放任任何匪諜在校內自由。職員及諸生中如自覺以前行為可資人之懷疑者，亦應立向校長陳明，當查明事實，轉請保安司令部予以寬恕。經此布告之後：如仍有匪諜潛伏，則本校不特不能予以任何寬恕，更必請保安司令部加重處分。務請注意為要。

因有學生，照此辦法自首經主管者問明情節之後，即令其回校，讀書就學如常。傅校長 11 月 14 日又出一布告，告訴學生：

　　…心中如有疑惑，可向校長或訓導長當面密陳，本校保證其自首之後，政府必不予以處分。此有最近自首之某生為例。

> 再自首辦法至本月廿五日截止，如有疑嫌，而不自首，則以
> 後一切之事，其家長更不得向本校申請。本校諸生若偶有心
> 懷疑慮者，其各重視此文告，立作決斷為要。

以「保證其自首之後，政府必不予以處分」強調學校對學生之保護。

八、積極除弊

　　當時臺大行政管理方面，亦多問題。前述醫學院與附設醫院之
例以外，例如民國 39 年初日本人留下的「熱帶醫學研究所」竟圖
出售規格不合之血清，幸事先發現，隨後該研究所其他舞弊情事，
也先後查出。傅校長為積極除弊，改聘黃仲圖先生為總務長，並於
7 月 18 日召集臺大各單位組主任及股長談話。據《臺大校刊》第
78 期報導，傅校長直截了當地向大家說：

> 　　我們全校職員均應自己檢討一下，今天在座諸君中自然
> 多數是好的，然也有幾位負有行政過失，更應自己檢討。散
> 會之後，並請嚴誡所屬職員，徹底檢討。……
> 　　我認為本校各部門均有徹底整理之必要。我現在鄭重向
> 諸君聲明三點：
> 　　假如今後發現有作弊者，事件無論大小，一律送法院，
> 絕不以免職為止。
> 　　本校現正清理各部門，在清理期間，只可由學校免職，
> 不准自行辭職。

如自覺今日或以前有作弊情形，而悔悟者，可向校長陳明，當以自首論，而盡量開脫。

又說：

所屬的職員有了過失，一力替他遮瞞。這種事前失察，事後又說好話的辦法，最要不得，實在犯法。……

希望諸君認真作事，有知必說，在三個月之內將將本校積弊，一一查出，六個月之內達到弊絕風清的理想。

可能由於效果未臻理想，傅校長又於 11 月 27 日，12 月月 4 日及 11 日在《臺大校刊》第 95 至 97 期連續刊登「傅斯年啟事」云：

本校一切購置及經手銀錢事項，如在校各位先生各位同學各位工友有人發現有作弊之情事或企圖者，無論事出何人，請立即直接報告給我，至感至感！總之，本校於本學期內務必肅清一切不規則之事件。盼本校全體協助。

惜他不到十天後仙逝，校中一切不規則事件是否肅清，不得而知。唯據筆者了解，此後無論學校及附屬醫院未再發生如前述之嚴重弊端。

九、五週年校慶感言

　　民國 39 年臺灣大學五週年校慶前夕，傅校長接受《公論報》記者採訪，稱讚學生向學上進，第二天的報導如下：

> 國立臺灣大學校長傅斯年氏……稱：……「有一點值得告慰社會的，是臺大學生研究學術風氣濃厚」。他說：「每到晚上，大多數學生排隊進入圖書館自修，這種向學的精神，使我感到臺大學生是在發揮教育的功能」。傅氏認為還有一件感到快慰的，是窮苦的學生在臺大，住宿問題已完全解決。他說：「臺大在困難的情況下，解決他們的住宿，是希望他們在安定中努力求學」。

對於臺大醫院，報導說：

> 傅氏認為最可惱的，是臺大醫院，但他已用全力在設法改進中。他說：「臺大醫院雖然不幸發生了幾件不能使人滿意的事件，但是也有不可磨滅的好處」。傅氏現正著手改革這個醫院。他說：「臺大醫院總務長已被撤換，另調幹員充任，今後對病人入院手續程序，力求簡化，減少病人的麻煩。關於護士的服務精神，亦加強訓練，務必這個多事的臺大醫院，力求進步。」

傅校長也說出他對臺大今後的願望是：

> 希望學生養成敦品力學，救國救民的良好風氣，使這個在臺
> 灣唯一的最高學府在安定中求進步。

一年前說的是「敦品力學愛國愛人」，民國 39 年 11 月，大好河山
只剩臺灣一隅，且處於危急存亡之秋。可能因傅校長自己有誓與臺
大，與臺灣共存亡之決心（見前引傅夫人「憶孟真」一文），當然
希望學生能「救國救民」了。

十、最後讜言

　　民國 39 年 12 月 20 日下午傅校長出席省參議會第五次會議
時，不幸因腦溢血亡故。綜合《新生報》與《公論報》的報導，
他非常重視栽培臺灣籍的師生，而於答覆參議員郭國基和馬有岳時
表示：

　　過去臺籍人士去美國進修的較少，故這一年來臺大保送畢業學
生及教授赴美深造十四人，其中臺籍十三人。

　　臺灣女子受高等教育太少，希望參議員鼓勵女子升學。

　　現在臺大的臺籍學生多數向自然科學發展，對於社會、歷史課
程忽視，將影響對政治的認識。故要求參議員，勸導臺灣學生多研
究文科，至少文科和理工科並重，加強學生對政治的興趣。

　　傅校長重視女性前已表現於民國 38 年《臺灣新生報》三八婦
女節特刊中傅先生的題字：「對於全民族進步的責任中國婦女至少
應負起一半來」。

　　他也關心所有的學生，《新生報》報導傅校長在病發前回答參
議員詢問說：獎學金制度不應該廢止，對於那些資質好肯用功的，
僅只為了沒錢而不能升學的青年，我是萬分同情的，我不能讓他們
被摒棄於校門之外。」又說：「我們辦學，應該先替學生解決其所
有之困難，使他們有安心求學的環境。然後才能要求他們用心勤
學。如果我們不先替他們解決困難，不讓他們有求學的安定環境，
而只要求他們努力讀書，那是不近人情的。」

　　傅校長最後的言論體現了他實事求是、高瞻遠矚與關愛後學的
偉大。

十一、治理臺大之困境

　　傅校長治理臺灣大學之辛苦，從他 38 年 10 月及 11 月致李書
華的信中可看出一部分。第一封信的內容是：

> 潤章吾兄：
>
> 　　幾次信都收到，我忙得要死，而寫信則懶得要命！最近
> 又鬧了一次「膽石」住院廿日，所以久疏寫信，甚感不安。
> 吾兄在法研究，真是幸福，不勝羨慕！弟到此辦此一大學，
> 真正上當，大概說來：1.辦一新大學容易，改革一個舊大學

難。2.弟在北大任內，多是老朋友，吵架固多，辦事也有甚愉快處，此地是「接受別人雜牌隊伍」。3.基於政治情形，此地請人大不易也。簡直請誰誰不來。但是

一、這一年半大學有驚人的進步。學生用功安分的情形，為抗戰以來的大學所無。學校在一切環境下，尚能維持其應有之 liberal tradition of universities 雖然不是沒有麻煩。

二、原來的房子失修，儀器修理不完（且有些無法修理），今均逐步修理。

三、原來的儀器缺少部分，補上不少；書籍期刊，一九四一年以前補上不少。

四、這在表面上已是一個熙熙攘攘的學校，內容則教授之充實尚遠。

附上幾篇文，乞兄細看看，便知一切。

現在有一件事求兄，International Universities Conference 今年 12 月 4 至 10 日在 Nice 開會，因兄係本校教授（雖不到校，未領薪，其名義一也），又因兄雖未在臺久住，但臺大情形，比未來臺者熟習，又因此時由國內派人去，太費錢，所以學校的會議決定請吾兄費神一行。其辦法如下，

1. 會費由學校支付。

2. 兄之旅費由學校支付（估計美金五百圓）。

不知有無共區大學到會？如有，當然 awkward，但也只好挺著，且此比廷黻容易辦也。總之，臺大仍是民主國家之自由傳統，與大陸情形不同，既未統制思想，亦無親美宣傳（對大陸之親蘇不同），亦無「大課」（大課是毛澤東主義），

所以吾兄如遭逢這些問題是好說的。而且文教會是承認國民政府的。

　　小事務乞吾兄函允，俟買（？）到，即將錢匯去，務乞吾兄費神。

　　明年（過了以後）盼兄返國，在臺大，在巴黎之不以「戰犯」待弟之朋友，乞代道候，張曼兄近況如何？乞代候。一切面談。

　　敬問

道安！

弟

斯年上

十月十八日

按，聯經出版公司及湖南教育出版社之《傅斯年全集》皆有此函，唯「湖南版」頗有刪節。但李書華未代表臺大去 Nice 開會，故由錢思亮教務長前往。傅校長 11 月 24 日又給李書華一函說三件事：

(一) 兄何時歸，盼早來臺灣，此地一切情形，可詢思亮兄，實甚安定・且相當進步，學校亦不錯。兄到時，一切憑兄決定，決不以兄不願做之事・不願教之課相強。至祈示以歸期。

(二) 在法留學生佳者，盼勸幾位來臺，熊迪之兄現在何處？弟亦盼其來臺。

(三) 法國之 Cons d'Analyse, Cons de la Geometrie, Mathematiques, Speciales, Mathematiques Generales 有甚多名著。乞將其名著，每種買一部（如有幾種 Cons 即買幾種）為臺大參考之用。款向思亮兄取。

「熊迪之」即著名數學家、雲南大學校長熊慶來。由此可見，傅校長一直到最後尚為充實臺大師資與圖書設備而努力。

傅校長遭遇的「人事」困擾除前文所述之「臺大惰性」外，還有一些人自以為是而不願有所改進，以臺大醫院較為嚴重。他在「關於臺大醫院」一文中曾說：

> …我這半年來想改革臺大醫院碰到的無形阻力，是很少數人有一種心理，以為臺大醫院不必改革，其最甚者乃以為臺大醫院在東亞有頭等地位，原來一切都好，你不要多事。我覺得這種觀念，未免可憐，他不特不知道世界醫學的進步；且不知道日本最近醫學的進步……這樣人，在臺大醫院是很少的，也不是沒有的。所以去年創立護理系統，有人不以為然；今年七月創立住院醫師制，有人不以為然；今春我在第一外科開刀屋上面閣樓上偷看開刀。我有幾個小小的建議。其中之一是何以很多人不用手套，有人不以為然；派幾個人到美國進修，也有人以為不必要，因為我們已經很好了。「美國的醫學不如日本」，諸如此類。……

他想用「說服」的方式，卻因某些人表裏不一，很不容易找到說服的對象。還有就是「語言隔閡」。傅校長說：

常到醫院辦事，總是找翻譯，抓到誰就是誰。辦事尚且如此。
何況住院治病？因為語言鮮通。只好少說，因為不說固不親
切，多說誤會就多，誤會多，摩擦就多了，所以還是少說。
說到這裏，我不免嘆一口氣，我的醫院進步主義，本想說服
人家，然而用我的修詞學表達我的誠意去說服不懂我話的
人，是何等費事啊！

傅校長另一未公開說的是生活困難，甚至需要寫稿以稿費貼補日
用，添置冬衣，詳見前引傅夫人「憶孟真」一文。但傅先生在去世
前兩個多月，曾寫信告訴過胡適之先生。故胡先生在民國 40 年 1
月 14 夜致陳誠院長的信中寫道：

> …孟真最後信上（十月九日）說；「思亮的薪水（和我差不
> 多）是可笑的（大家如此）。他有三個兒子上學，而太太身
> 體不好，所以比我更苦。大綵如小牛，會操作。錢太太身體
> 太壞，故不能操作…」：這雖是閒談家務。但我深感臺大教
> 職員待遇實在太壞，實在不夠生活，校長與教務長平時已如
> 此，何以能持久？

故胡先生請陳院長「留意公教人員的待遇的改善。」
　　至於前述校外有些人對傅校長的攻擊，民國 39 年 3 月陳誠任
行政院長後，事稍偃。

十二、不朽的傅校長

　　傅斯年先生於民國 37 年底臨危受命，抱「歸骨於田橫之嶋」的決心，為臺灣大學殫智竭慮、戮力從公而鞠躬盡瘁。短短的兩年，給中國在自由地區留下一所雖尚是具體而微，但乃「以尋求真理為目的，以人類尊嚴為人格，以擴充知識、利用天然、增厚民生為工作目標；為學術，為青年，為中國和世界的文化」而辦的大學。

　　胡適之先生在上述給陳誠院長的信中說：

　　　　孟真之死，真可痛惜。朋友之中，很少人能比他的天才之高，
　　　　見事之敏銳，判斷之深刻：他能做第一流的學術研究，同時
　　　　又有過人的組織能力；辦事能力，這樣合治學治事於一人，
　　　　最為難得，也最難企及。

可以說是蓋棺定論。

　　傅先生逝世之後，他的許多中外友人、門生故舊都有詩文悼輓追懷。臺大的新同事中有化學系潘貫教授曾賦「悼念孟真校長」七律三首，現錄其一：

　　　　新店溪邊五丈原　　大星殞後黯消魂
　　　　育英施設宏猷在　　建校經綸偉論存

　　無偽無私安學府　不阿不屈傲侯門
　　未完遺策留青史　長使同仁熱淚吞

潘先生民國四十五年在美國研究訪問時,到哈佛大學還曾特別去探
視傅先生之子傅仁軌。又如上文所述中基會資助赴美進修的醫學院
林天祐副教授在回憶錄中說:

> 校長與我這個區區副教授,好像距離太遠,沒有甚麼密切關
> 係。但校長至少是提拔了我。給予我留美深造的機會。他期
> 望我學成回國,在胸部外科方面,有所貢獻。至少,他的這
> 一關切,是令我沒齒難忘的。想不到,他沒有看到我的成就,
> 就離開了這個世界。聞訊之餘,令我悲不自勝!這時,我憶
> 起,校長在臺大醫院院長室,親自接見我的時候,他口裡啣
> 着煙斗,神情自若。好像是幾天前的事。我在悲傷之餘,當
> 天晚上,立即寫信給傅校長夫人。告訴她說,我回國之後,
> 必定創立「胸部外科」,絕對不會辜負校長過去的期望,並
> 請她須要節哀順變。(《象牙之塔春秋記》頁93)

可見臺大同仁對傅故校長的欽佩與感念了。
　　最後,擬摘引一篇報導,見證傅斯年校長對當年臺大學生的影
響。第1161期《臺大校訊》(民國102年12月18日出版)中有一
介紹民國42年園藝系畢業生黃邦彥先生之文。黃先生是福建省沙
縣人,民國38年來臺,考入臺大歷史系。報導說:

當時臺大在傅斯年校長領導下大力革新，歷史系教授都是來
自中研院史語所及北京清華等地的名教授。傅校長強調大一
課程必由教授親自授課，因此在一年級就能接觸到勞榦的中
國通史、李濟的考古人類學、劉崇鋐的西洋史，以及凌純聲
的地學通論等。雖然教室都是臨時搭建的，名教授的薰陶讓
他對人類、世界、中國的過去有了深刻的體會。正如李濟教
授在授課一年後說的：把大一學生的認識延長不只五千年，
而是到一百萬年。西洋史的教授使我們接觸到古埃及、希
臘、羅馬的文明，地學通論把宇宙地球做為一個整體來認
識。他們的授課至今仍深刻地印在黃邦彥腦海裡。

黃先生為了未來的發展而想轉系，歷史系劉崇鋐主任建議他轉到園
藝系。報導說：

> 農學院園藝系師資整齊，設備更是國內各校之冠，但學生不
> 多，黃本身也對園藝感興趣便轉入該系。在系主任胡昌熾教
> 授指導下，三年完成全部課程並寫好畢業論文，1953 年夏
> 天畢業。當時傅斯年校長提出的「敦品勵學、愛國愛人」的
> 校訓深深的銘刻在那代臺大學子心中，時刻難忘，也成為黃
> 邦彥的原動力。

他畢業後服一年預官役，隨即赴美深造，專攻果樹學。但 1956 年
棄學回到大陸，在廣州中國科學院華南植物所工作，參與華南植物
園的建設。後調入植物所的生理生化研究室從事水果保鮮研究，雖

經文革暴亂之衝擊數年，仍努力不懈，在柑橘類等研究上甚有成就，國際知名。至其親手籌畫的廣州華南植物園，如今已是世界著名植物園之一。黃邦彥夫婦 1991 年後赴美國定居。據報導：

> 回首前程，黃邦彥自覺不是成功的臺大人，但頗以行動實踐校訓「敦品勵學，愛國愛人」為傲。他相信未來的臺大人定是長江後浪推前浪，發出更大的光輝，實現傅校長寄託於校訓的厚望與期許。唯有如此，才能真正是一個堂堂正正的「臺大人」。

筆者相信，在傅校長治校時受教，感恩又能實踐「敦品勵學，愛國愛人」訓誨，如黃邦彥先生者必不少。為臺大鞠躬盡瘁，死而後已的傅斯年校長在天之靈應感欣慰，而其精神可以不朽矣。

8.從胡適的一封信
看傅斯年苦心經營臺灣大學之例

　　一九五零年三月二十日胡適先生有一信從美國寄給臺灣大學的傅斯年校長，說明中華教育文化基金董事會（簡稱「中基會」）通過給臺大七個赴美進修的名額。此信披露於四月三日出版的《國立臺灣大學校刊》第 62 期。六十四年來，似未獲胡適研究者、傅斯年研究者、中基會研究者或臺大校史研究者的重視。信的內容如下：

> 孟真兄：
>
> 　　三月八日得電報，匆匆覆一電云：7 Taita Fellowship voted Letter Follows，但因大會紀錄沒有整理，沒有經孟鄰兄看過，故未能即寫信。乞恕之。
>
> 　　此次開的是 Special meeting，但因詠霓不來，幾乎開不成會。後來幸得司徒大使醫院的許可，我們到醫院去開了五分鐘的會，法定人數足夠了，舉出梅貽琦來繼任傅斯年。此案通過後，我們約了梅君同到中國大使館去繼續開會。（司徒兩月來大有起色，已能說話了，故可以算作一個能用他的官能，能負責的董事。但醫院病房不能久留多人，故我們不

能不把你一九四九年十二月滿任的缺額請一位能到會的月涵兄補上。此意千萬請老兄原諒。）

　　臺大的請求，我們都同情。但前年動用基金作為三釐半年息的投資，此計劃完全失敗了，只有北大把借款十萬元全數歸還，其餘十五萬元‧本息皆無著落。故此次會議，無人能重提借用基金之議，只能就中基會 income 之內，提出足夠每年七個 Fellowship 的款數，為國立臺大選送教員與畢業生至美國進修之用，暫定兩年，每年暫定美金兩萬元，于一九五〇年七月一日開始。原案有一句話：「…than, as the purpose was to give to the university 7 Fellowship each year for two years the Executive Committee was empowered to make necessary adjustments in the payment of the amount appropriated.」。這就是說，每年以七個 Fellowships 為限，但如每年兩萬元之數如稍有不足之處，執行委員會有權可與臺大商酌，量為補足。

　　會議完後，我因代任叔永作 Director，故須對臺大事作一補充細則。我與夢鄰月涵二兄細商，覺得你信中所擬比清華教員留美待遇（每人總數$3.000 學費旅費在內）及清華留學生待遇（月費$125，旅費來往共$800，學費每年超出$200.之數則由清華擔負）皆太寬。故我們擬出臺大選送赴美進修試行辦法如下，請你與臺大同人商酌後見覆。

(1) 無論教員或畢業生，其學費（Tuition）均由中基會代付。

(2) 教員與畢業生川資均定每人來往合計美金一千四百元（＄1,400.00）。

(3) 教員出國進修，一年為限。每年送四人，則兩年可送八
　　人。每年送五人，則兩年可送十人。其留美期間，每人
　　以十個月計，每月$175.00。

(4) 畢業生出國進修，每人以兩年為限。其留美時期，每人
　　以二十一個月計算，每月費為$100.00。

(5) 如此辦法，則每一教員出國，須有

川資來往	$1,400.00
十個月月費	共計$1,750.00
	共合$3,150.00
若每年四人：	$12,600.00
兩年八人：	$25,200.00
若每年五人：	$15,750.00
兩年十人：	$31,500.00

(6) 如此辦法，則每一畢業生出國，須有

川資來往	$1,400.00
廿二個月月費	$3,300.00
	共計$4,700.00
若送兩人	二年共$9,400.00
若送三人	二年共$14,100.00

(7) 請臺大速決定下列兩辦法之一：

　　（甲）每年送教員五人，畢業生二人？

　　或（乙）每年送教員四人，畢業生三人？

　　若臺大採（甲）法，則

　　　　　　　　教員五人，第一年$15,750

　　　　　　　　又五人，第二年$15,750

畢業生二人留兩年$9,400

兩年共計$40,900

若臺大採（乙）法，則

教員四人，第一年$12600

又四人，第二年$12600

畢業生三人留兩年$14,100

兩年共計$39,300

學費各大學不一致，清華之法似太刻，容易驅人選擇學費最廉的大學。故我們決定由 China Foundation 擔負 Tuition 每年平均以三千元至四千元計，故每年超出兩萬元之數略等于 Tuition 之費用，此數可由 Executive Committee 酌量撥付。此即議案中 Executive Committee was empowered to make necessary adjustments 之用意。故此兩年試辦期中，中基會擔負臺大 Fellowship 七個，每年約數為兩萬三千元至兩萬四千元。

請早日決定，早日選人，因護照與入學准許都需時間。選人全權在臺大，但千萬請注重英語與英文。

弟 胡適 一九五〇年三月二十日

（《國立臺灣大學校刊》第 62 期，39 年 4 月 3 日）

先說明兩點：

(一) 所謂「中基會」乃「中華教育文化基金董事會」（The China Foundation for the Promotion of Education and Culture）之簡稱，成立於 1924 年 9 月，由中美董事十五人組成，其中美國董事佔三分之一，負責接收與保管美國第二次退還的庚款餘數，使

用該款於促進中國教育及文化事業。其範圍主要在科學教育、科學研究、科學應用、以及屬於永久性質的文化事業（如圖書館）等方面。對於 1949 年前我國科學事業之發展有重大影響。

(二) 所謂「前年的投資計畫完全失敗」是指 1947 年 12 月的第二十次董事年會，通過了一項貸款專案，撥出至多二十五萬美元，分別貸予不超過四個國立大學，以為添置理科研究及教學設備之用。1948 年 7 月執行委員會核定的貸款為：北京大學十萬美元，中央大學、浙江大學和武漢大學各五萬美元。但由於政局發生劇變，計畫成為泡影。北大的十萬美元原已全交吳大猷在美國採購「現代物理」儀器以從事原子核實驗，但 1949 年 2 月吳先生即將該款歸還中基會。後來中央大學周鴻經校長也還了未用的三萬多美元。（1962 年 2 月 5 日《胡適日記》）

從這封信可以看出胡先生之熱誠與愛護朋友，不但為臺灣大學爭取赴美進修經費，還代百忙中的傅斯年校長做了初步的規劃。傅校長得信後隨即迅速辦理中基會資助臺灣大學教員育與畢業學生赴美進修一事，4 月 25 日向全校提出報告，載：《國立臺灣大學校刊》第 66 期（39 年 5 月 1 日）

傅校長對辦理本年中基會資助本校教員出國進修事之報告

請求中基會研究額赴美進修一事，業經審查決定，茲將審查經過及決定報告如下：

辦理此事申請之時間較短，本月二十日下午截止後，即于當晚開審查會，由行政會議全體出席人（列席除外）組織之。其所以如此匆迫者，因向美找適宜學校並非易事（此時

不收或少收外國人員研究者為多）尤費時間，護照手續亦
然。兼以至遲須八月中旬上船，故此時辦理此事，已嫌其晚。
（去年辦同類事甚晚，以至上一學期大部犧牲，故此事及考
畢業生一事均須速辦。）

　　此次申請者甚多，頗出斯年等意料之外，蓋本校以前辦
理同樣之事，常有學校請其去而不去者，未料及此次如此踴
躍，誠然前者範圍及辦法與此皆有不同之處。申請之前未盡
料及申請後所生之問題，故申請前所公布之範圍，今知其過
于廣泛及不定，若干問題待申請後出來，不得不逐一討論解
決之。

　　今雖有甚多問題出來，然原宣布之辦法，既已宣布，在
精神及文字上亦皆須遵守，乃有下列之考慮。

(一) 原宣布自教授至助教凡服務滿一年者皆可申請之，于是
　　地位及年資遂不能為標準。蓋如以地位為標準，通過者
　　勢必以教授為限（至多副教授），然則講師助教亦可申
　　請者又何為乎？如以年資為標準，則又何必僅定一年
　　乎？審查之結果，教授一人，副教授一人，講師二人，
　　助教一人，似為平均平配，此固由于開審查會時多數同
　　人有「年青人頗值得考慮，然亦不必專以年輕者為限」
　　之見解，然大意亦含于原宣布辦法之中也。助教與教
　　授，無法比較其學問，故原宣布之辦法實與教授七年休
　　假之部章毫無相類之處，而含有鼓勵後進工作者之意。

(二) 原宣布臺灣省籍之意，乃因祖國人士自抗戰以來，出國
　　進修之機會多得多（此就一般言，個人自各有不同），
　　而臺籍同人獨少，此為不可忽略者。且本校辦理此事，

並無泛泛為國家培植人才之公心，乃是單獨為臺大培植教員之私意。臺籍人士大體說來，將來留臺大之可能性較多，今如一視同仁，猶之以同一國文英文之標準責之于中學生，恰如莊子所謂「以不平平其平也不平」。今審查結果，臺灣省籍四人，非臺籍者一人，後者之數為一為二，純為偶然。

以上兩事，原文雖未定明，其義實含于原宣布之中也。

新出之問題，第一項即為系主任。目下本校若干系教授甚少，舉辦此事本為充實教學，若因系主任公出一年而系務大生影響，乃至無法辦理，則將來雖有所得，目下先不得了。涉及之各系情形雖不盡同，然欲于一月之內解決此問題，則涉及之各系皆做不到。本校亦有時系主任虛懸一時者，然此等現象正補救之不暇，不可再由行政人員製造之。故考慮結果，無記名投票一致主張此次系主任不列入。此純為下學年各院教務之行政計，不特不含有薄待系主任之意，且以為系主任實多術明行修之學人，兼以服務之勞，值得最先考慮者也。今作此決定，出于今年之不得已，至乞諒宥者也。

次為一系缺少教員之困難。例如數學系，今年在系內及在一年級已大感人數不敷，兼以有兩位同事已自在美找到一事，暑假中離此。目下請教員在理農工等科者，真正困難之至，故為此事，理學院及斯年正在焦愁，若再送人走，誠為不了，故今年亦未列入，此乃原則，不關人選者也。

又次為科目之主要性。此實無法判斷者，一科既同在大學，即有其同等之重要性。惟本校建設正在發軌，凡一科目，

學生人數多，專習教員人數少，或為本校所奇缺，或為一院一系一般進步所必需，自不免從先考慮。

又次為醫學院問題。斯年在審查會中曾說：醫學院至今已以他法送出者較多，或謂此次可不列入，同時亦有人謂醫學院全部臺籍教員人數等于其他五院臺籍教員人數之總數，應不剔除。關于此點，投票前未有決定。

審查會中對各項問題（上列，及以外之小問題）交換意見，先由各院長提出一數倍之名單，然後就其中草選出五人，選出後再投一次票，看是對草投票肯定或否定，第二次投票結果（兩次均不記名投票），七票認可，一票否定，遂以此結果報告正式行政會議。

四月二十二日第九十七次行政會議決定接受此報告，其名單如下：

胡昌熾先生	教授	農學院園藝系	六票
林天祐先生	副教授	醫學院外科	五票
林渭川先生	講師	理學院化學系	八票
陳秩宗先生	講師	工學院化工系	七票
楊思標先生	助教	醫學院內科	四票

其餘一至三票不等。

（附注）行政會議之決定，經常不投票。遇有重大事，討論不易得一致之同意時方舉行無記名投票。依大學法，三長六院長各一票，列席者不投票，校長在票數相等時投決定票。

四月二十日審查會後，二十二日第九十七次行政會議之前，校長教務長及外文系一位美國同事與上列四位臺籍同事

以英語交談,並以其印象報告于第九十七次行政會議。故第九十七次行政會議決定接受此報告,確定人選案。同時決定儘放洋之前為其中幾位補習英文之口語。

關于英文英語之重視,有兩種理由:(一)此為原贈送者之意見。(二)此點實為切要,蓋在美期限甚短,如口語不甚嫻熟,受限甚多。今辦理此事,于此點並非苛求,但求于事有濟而已。故第九十七次行政會議有附帶關于英語之一決定。

此點在本屆未盡合理想,亦尚可補救。下屆辦理此事,(即明年之五人)當于今年年底以前決定,庶幾更易補救。又加上文系主任一說,亦當放棄,因半年前決定之事,人事上有法處理也。又如其他辦法包括籍貫比例在內,亦可有重大之變更。俗語云:「不經一事不長一智」,今辦此事之經驗,甚有助于將來辦此類事。

此一結果,未能認為盡合理想。然所以致此者,大略有三原因:(一)時間過于匆迫,故成「急就章」。(二)想到之原則過于多,故綜合之後,反無其決定性之單純原則。(三)範圍過于廣泛,故推選上更為不易。然有一事敢斷言者,即決定之結果與原宣布之辦法在精神及文字上並無差異也。又有一事宜聲明者,即未推到之人,絕非不如已推到之人,乃受上文所述種種考慮之限制,又為投票之結果也。

傅斯年　三十九年四月二十五日

由傅校長之報告可見其執事效率之高,考慮之詳,尤其是優予錄取臺灣省籍教師與畢業生,更見他為臺灣大學培育人才之用心。五位

教員中除胡昌熾教授（原金陵大學園藝系系主任）為江蘇人，其他
四位都是臺灣省人。畢業生則限定臺灣省籍，5 月 11 日錄取了葉
瑞津和鄭建炎兩位。

　　胡先生的信裡又提及 1950 年中基會為達法定董事人數而須到
海軍醫院司徒雷登病房開會一事，實與傅斯年校長未能赴美出席有
關。按，中基會 1947 年選出董事為司徒雷登（J. Leighton Stuart）、
霍布金斯（Paul S. Hopkins）、瑞德（J. T. S. Reed）、布拉第（Donald
M. Brodie）、赫契生（C. R. Hutchson）霍寶樹、蔣廷黻、任鴻雋、
蔣夢麟、胡適、傅斯年、周貽春、翁文灝、貝祖詒與孫科。1950
年初任鴻雋在大陸，周貽春在香港，翁文灝與孫科在歐洲，蔣夢麟
與傅斯年在臺灣，貝祖詒、瑞德與司徒雷登有病。3 月 7 日，蔣夢
麟自臺灣飛往美國，與霍布金斯、布拉第、赫契生、霍寶樹、蔣夢
麟、胡適七人於華盛頓海軍醫院（Bethesda Navy Hospital）會同司
徒雷登湊足法定人數後，又至中國大使館召集特別會議。補選新任
董事梅貽琦、麥凱（James A. Mackay）接替傅斯年與瑞德。停頓一
年多的中基會業務才恢復運作，也才得通過對臺灣大學提供為期二
年的學術獎助金案。（楊翠華，《中基會對科學的贊助》，中央研究
院，1991）如果傅斯年校長也去美國，整個過程就會簡單的多。他
為何不去呢？

　　傅校長因認真辦學，而招致許多人的不滿。一類人是因他民國
38 年 4 月 16 日臺灣大學三十七學年度第一次校務會議，制定了
「國立臺灣大學教員聘任及升級標準」，以頗為嚴格的聘任條件將
那些沒有真才實學或仕學兩棲者摒於臺大校門之外者。按，當時臺
灣大學不少系科缺少適任教師，亟待更換及增聘。傅斯年初到時雖

已聘了一些大陸的知名學者，但因學生人數大增而師資仍遠為不足。另一方面，那時想要到臺大任教的人　也不少：有些黨政人士擬轉任教職或在臺灣大學兼任教職，另有一些原在大陸上其他大學任教因隨政府遷移而到臺灣的教授，還有些積極反共者，想憑藉政治資本進入臺灣大學。但皆因傅校長把持聘任原則而未能遂願。又有一些原已在臺灣大學任教，但不合格或不敬業者因傅校長採取強硬措施，而遭裁汰。

另一類人是有些黨政軍界人士及本省紳商過去常干擾校務，致使臺灣大學教學管理與秩序十分混亂，入學轉學可藉人情說項。傅斯年到臺大以後，首先從嚴格招生考試入手，繼而強化教學管理，制定嚴格規章制度並確實執行。因此，臺灣大學教務工作很快走上正軌，新來及舊有之特權人士未能繼續得逞，而心懷不忿。

再者，傅斯年於民國 38 年在共黨製造之學生事件發生後盡力保護學生，時任臺灣警備副司令的彭孟緝曾多次對傅夫人說，傅校長「曾向他提出三個條件：第一、速辦速決，第二、軍警不得開槍；避免流血事件，第三，被捕的臺大學生，先送法院，受冤者，儘快釋放。」(俞大綵著「憶孟真」載《傅斯年全集》第七卷，頁 233-247，聯經出版公司，民國 69 年)由於得到省主席兼警備司令陳誠支持，下令無證據不得逮捕臺大教職員生，也引起情治相關人士對傅校長有所不滿。

民國 39 年臺灣大學慶祝元旦的晚會中有學生鬧事，指責演出的「嘉戎酒會」歌舞是共產黨提倡的「秧歌」，之後又在校內外作不實之宣傳，攻訐校方。但傅校長認為「嘉戎酒會」是當時教育部仍列為合法的音樂舞蹈教材，並不違法。乃將誣告生事又不悔過的學生開除。因此傅校長遭受素不滿意者之公開攻訐，也有人造謠說

他將棄職赴美,引起學生的恐慌。元月 19 日學生會與許多社團聯合致函挽留,信的全文為:

> **校長鈞鑒:**
>
> 　　此次本校因同樂晚會而引起意外之謠言,全校同學莫不衷心關切,又為此事增加
>
> 校長之煩勞,生等更為之不安。顧事實勝於雄辯,是非自有公論,其心懷叵測者又豈能動搖本校之風紀?乃近日來外間頗多謠傳,甚至有謂校長懷倦勤之意、生等明知此為無根之言,然亦不免惶恐!我
>
> 校長以學術權威,來主本校,排除萬難,苦心擘劃、應興應革。莫不全力以赴,而學風純正,尤向所未有、不僅生等愛戴莫名,亦社會人士所共仰;是今日之本校‧非我
>
> 校長不足以竟其功。想我校長平日化育人才,倡導學術。當不致為流言所動。生等尤願在鈞長領導之下,除安心向學外,並協助學校為安定與進步而努力。
>
> 　　專此　敬頌
>
> 鈞安
>
> 元、十九
> 全校學生團體同敬叩

此信原載《國立臺灣大學校刊》第 55 期(1 月 30 日出版),有 31 個學生團體具名,包括:各學院學生代表會聯合會,文學院學生代表會,理學院學生代表會,法學院學生代表會,農學院學生代表會,工學院學生代表會,醫學院學生代表會,第一女生宿舍自治會,管

弦樂團，友愛唱團，[海天歌詠團，臺聲劇團，混聲歌舞團]聯合演
出委員會，農業經濟學會，醫學院學生宿舍委員會，第二宿舍生活
促進會，攝影研究社，美術研究社，獨立社，農業化學學會，園藝
學會，耕耘社，第二女生宿舍自治會，醫學院第二膳團，詩歌研究
社，第一臨時宿舍自治會，海天歌詠團，土木工程學會，農業工程
學會，臺聲劇團，第四宿舍生活促進會，一年級學生臨時代表會。

　　傅斯年則公開發表〈臺灣大學安定如常〉一文，說明臺大依法
處理此事件之詳細經過，全文載於 1 月 22 日《新生報》。並在
《國立臺灣大學校刊》第 55 期發布「給同事同學的公開信」，內
容如下：

諸位同事先生及同學：
　　　　近日校外校內傳言斯年將去國，將辭職，同事同學頻來
　　問訊，敬聲明如下：
　　一、我之身體雖壞（久患血壓高），然久病之後轉不以為念。
　　　　絕無于此困難之時，捨同事同學他去之理。
　　二、去年中華教育文化基金董事會以在美開會，須國內去人
　　　　方足法定人數，故曾來電約去，期為二月八日。斯年以
　　　　為此時去開會，必有謠言。明知有此一行，或可為臺大
　　　　募幾許錢，然權衡輕重，仍不去，故當時立即電復不去
　　　　（來往信件均在陳秘書渝生處，願看者可自由取閱）。
　　三、半年多，校外攻擊斯年者，實不無人，彼等深以不能以
　　　　臺大為其殖民地為憾。然彼等原不知大學為何物，故如
　　　　遂其志，實陷本校于崩潰。鑒於一年來同事同學對斯年
　　　　之好意，值此困難之時，決不辭職，決不遷就，決倍加

努力，為爭校之進步而奮鬥（下次校刊中登出此事有關
文件）。

傅斯年　一月二十三日

信中說明不去美國開會的原因，也由此可見他苦心辦學、經營臺大
之一斑。該期《校刊》還有一封教育部杭立武部長為臺大元旦晚會
事致傅校長之函。錄之以結拙文。

孟真校長吾兄大鑒：奉十九日
惠函附臺大行政會議記錄一份，備悉臺大元旦晚會情形，另
一附件尤詳述當時及事後之經過，為以前各項報告所未及，
根據此各種文件，元旦晚會有扭秧歌之傳言可以廓清；當即
向各有關機關解釋說明，請其對於此事告一段落。近臺大行
政會議所通過關稅今後維持「甯靜與進步」三項辦法甚為妥
善，今後尤可防止學校之不安也。專此順頌
教綏

弟　杭立武拜啟　元月廿一日

（載《胡適研究通訊》2014 年第 1 期，頁 22-27）

9.傅斯年先生來臺前遺珍

　　六十年前的 12 月 20 日，臺灣大學校長傅斯年先生於出席臺灣省參議會答覆某參議員質詢時，情緒激動，高呼：「我對有才能，有智力而貧窮的學生，絕對要扶植他們。」之後不久即因腦溢血暈倒不省人事，雖經急救，仍不幸於午夜前逝世。兩年後，民國 41 年 12 月臺灣大學就當時所能收集到的傅先生遺著，曾出版《傅斯年先生集》。臺北的聯經出版公司後再蒐集補充，民國 69 年八月出版《傅斯年全集》。由於當年海峽兩岸隔絕，傅先生有一些文章和書信在臺灣不能見到，故有缺佚。2003 年湖南教育出版社的新版《傅斯年全集》又增補了許多，惜仍不完整，錯誤亦未改正。

　　近年來，於查閱民初史料、李約瑟在華經歷、以及日本投降後臺灣大學創立之初幾年內一些重要事跡時，發現幾件不載於 2003 年新版《傅斯年全集》之佚文。按時間先後，分別是：

(一) 民國 8 年（1919）4 月因北大學生之《新潮》和《國故》兩刊物涉及強烈的新舊學之爭，引起教育部之關注。蔡元培校長曾致函傅增湘部長解說情由，但陶英惠先生發現該函原稿為傅先生筆跡，故實係傅先生所代寫。

(二) 民國 8 年（1919）7 月，五四運動之後，北洋政府中保守派的「安福系」（又稱「安福部」）眾議員克希克圖向國會提案，要求教育部恢復民國元年大學制，企圖阻蔡元培回任北大校長。

同時也可藉此防止學生運動及教授宣揚新思想。學生得知消息，多數表示反對。當時傅先生自云「窮一夜之力」，撰成長文投稿（北京）《晨報》。刊出後更引起各界的重視，也促成全國矚目的北大學生為「護校」而興訟的事件。

(三) 民國 8 年（1919）9 月 9 日，因對中國甚為友好的美國駐華公使芮恩施將退休返美，北京學生代表五人前往拜會。傅先生為代表之一，且是主要的發言者。十一日（北京）《晨報》所刊出「傅君」所言，是他青年時期的見解與志向。

(四) 民國 8 年（1919）11 月，傅先生出國留學前返鄉探親路經濟南，將所見所聞撰稿在 11 月 23 日（北京）《晨報》發表。

(五) 民國 32 年（1943）9 月 15 日傅先生曾致李約瑟一短函，附請人代抄五頁《武經總要》中有關「火藥」的部分。是傅先生協助李約瑟開始研究中國科技史之明證。原件現藏劍橋李約瑟研究所。

(六) 民國 35 年（1946）三月初，李約瑟博士離開重慶返英，傅先生在送別會中曾發表一篇「送李約瑟博士返英國」，刊於 3 月 7 日重慶《大公報》。唯兩岸出版的《傅斯年全集》，均採用李約瑟夫婦合著之《Science Outpost》一書中修改過的英譯本譯回中文。但該譯文與大公報原文頗有出入，應就《大公報》原文更正之。

(七) 民國 37 年（1948）4 月傅先生在美國養病時寫給胞弟孟博一函，說明高血壓病修養治療之法。原載《國立臺灣大學校刊》，臺灣大學編輯《傅斯年先生集》時可能以是「私函」而未收入。

(八) 民國37年（1948）10月傅先生曾致函其侄樂成，指導求學為
　　人之道。原文亦載《國立臺灣大學校刊》，臺灣大學編輯《傅
　　斯年先生集》時可能因同上的原因而未收入。

　　按(七)、(八)兩件雖屬「私函」，但前者充滿關懷手足之心與棠
棣友愛，後者則顯示惇惇教導晚輩之真情，不但是研究傅先生必需
之資料，其內容對一般讀者亦很有意義。故並錄之付梓，以紀念傅
斯年先生逝世六十一年，兼為《全集》補遺。

　　　　（原題〈《傅斯年全集》補遺〉，載《傅斯年學術思想的
　　　傳統與現代》（王志剛、馬亮寬主編，天津人民出版社，
　　　　　　　　　　　　　　　　2011年）第466-485頁。）

一、代蔡元培覆傅增湘函

沅叔先生左右：

　　奉讀尊札，敬悉壹是。情長意殷，感荷無量。此中原委，昨已面陳左右。茲再述其涯略。

　　敝校一部分學生所組之「新潮」出版以後，又有「國故」之發行，新舊共張，無所缺畸。在學生則隨其好尚，各尊所聞。當事之員，亦甚願百慮殊途，不拘一格以容納之。局外人每於大舉內情有誤會之處，然若持「新潮」、「國故」兩相比擬，則知大學中篤念往舊，為匡挾廢墜之計者，實亦不弱於外間耆賢也。

　　尊示大恉謂「新潮」宜注意者二事：一則因批評而涉意氣，二則張新說而悖舊誼。如於二者不加檢點，未必不以違背習俗之故，為新機演進之累。明言讜論，甚幸甚幸。元培當節以此旨喻於在事諸生，囑其於詞氣持論之間，加以檢約。

　　據「新潮」編輯諸生言，辦此雜誌之初心，原以介紹西洋近代有為之學說為本。批評之事，僅屬末節。但批評原無可慮，所慮乃在出乎其位，牽及感情之言。「新潮」既以介紹新說為旨，自不必專徇末節之流波，而樸實求學之學生雜誌，又為元培對於諸生所要求者。故關於此點，自當如尊示所云，由當事諸生加之意也。

　　至於持論，間有殊於舊貫者，容為外間誤會之所集。然苟能守學理範圍內之研究，為細密平心之討議，不涉意氣之論，少為逆俗之言，當亦有益而無弊。「新潮」持論，或有易致駭怪之處。元培自必勉以敬慎將事，以副盛情。

　　事之方始，真相未明，輾轉相傳，易滋誤解。歷日稍久，情實自見。大學兼容並包之旨，預為國學發展之資。正賴大德如公，為之消弭局外失實之言。元培亦必勉勵諸生，為學問之竟進，不為踰越軌物之行也。謹布區區，並達謝悃。敬請

道安

　　　　　　　　　　　蔡元培謹啟　四月二日

　　（原載《傳記文學》（臺北）第 45 卷第 6 期第 60 頁）

二、安福部要破壞大學了

傅斯年來稿

（言責由作者自負之）

破壞的人─克希克圖、胡仁源
破壞的方法─變大學制，換大學校長

　　北京城裡有個什麼新國會，新國會裡有個什麼安福部，安福部
裡有個什麼克希克圖。這個克希克圖新近提出一個『恢復民國元
年大學學制意見書』，我見報上說，在安福部裡通過了，不久就要
提出這個『所謂國會』了，他這意見書的外表是恢復民國元年大學
學制，骨子裡面是把幾年以來蔡校長辛苦經營的大學改革事業一
齊推翻，弄得蔡校長不能回來，便達到他們的安福部吞併教育界的
計畫。讀者諸君請想，安福部是個什麼東西？等到他們吞了教育
界，搶得大學校長，應當是什麼現狀？就是年來安福部所演的，一
切醜狀，都有地方傳授罷了。應當多麼樣糟糕？我真所謂『不寒而
慄』，所以不惜一晚上的工夫，把北京大學歷年的變更，新大學制
的真精神，簡單說明。再把這個克希克圖的意見書分條的駁去，更
把他們的用心所在完全揭破，喚起國人的注意，而共同圖謀抵制的
方法。

（一）前清大學學制之由來

　　前清的大學制從現在看去，已成過往的陳迹，但是要明白現在大學制和元年大學制不同的所在，和元年大學制的根源，不得不鞱略說明幾句。當時所謂分科大學，全抄日本學制，再加上個經科。除去課程上、設施上，無數缺點外，還有兩種基本誤謬。第一、以為大學只是高等專門的上一級，只有淺深的差別，沒有性質的差別。所以大學依然是人才教育（就是專門教育），不是學術教育。第二、只知道分科，不知道會通，所以文自文，格致自格致（當時的課科名格致科），從高等學堂起，文理已經不相謀了。如此做去，簡直不是大學，只可算得專門學校，再加上辦學的人，還是國子監的老派頭，弄得不似大學，而似書院，而似衙門。所以如此者，半由於辦學者不得其人，半由於學制的不好，學制的不好，就在不是大學，是專門。

（二）說明民國元年大學制

　　民國元年，教育當局把清季的大學制改變過，頒布了兩種部令，一是大學令，一是大學規程（當時主持這個改革計畫的，就是現在的大學校長蔡元培，和次任的教育總長范源濂）。這個學制（元年所頒大學令裡的學制），從現在看起來，自然不如新大學制的完善，但是和前清學制比較，總算很有進步了。第一層、以文理兩科為大學的主體，不像前清的辦法，先經科、次法科、次文科……。若

是同大學裡何以定要以文理兩科為主體，而以他科另為一類呢？我答道，大學教育是學術教育，惟其是學術教育，所以不能和專門學校以人才教育為目的的一樣辦，所以必須以研究基本學術的文理科為本位，以研究實施學術的法工農商醫等科另為一位有（*sic*）。這樣纔有系統，纔可不和殊樣的專門學校的集合體一樣了。第二層、以高等學堂改為大學預科，在大學令裡，定明不得獨立。從理論上講來，既是大學的預科，就應當併在大學裡，然後教授上可以聯絡銜接，互相照應。從事實上看起來，各省的高等學堂，每每很糟，升學大學的時候，程度參差不齊，必併入大學，然後真可為分科之預備，不至於本科豫科，弄得驢唇不對馬嘴。自從此條實行以後，到了現在，大學預科造就的人，也頗不少了，拿來和高等學堂所造就的比，究竟是孰短孰長，事實上自有證據，社會上自有公平，不是克希克圖所能顛倒的。

（三）民國元年至五年大學的狀況

民國元年的大學令，嚴格說起來，可以說並未完全實行。預科不獨立一條辦到了，以文理科為主一條，卻是全沒發生效力。至於學術教育四個字－民國元年大學令的真精神－更不是前幾任校長同胡仁源所能明白的。民國元年的大學，是前清分科大學的尾聲，並不是元年大學令中的大學，還有什麼毛詩門、周禮門、歷史門、普通商業門等。學生除去上衙門，鬧事故以外，沒有什麼事可說，民國二年六月，前清的分科大學算是完結了，事故鬧了一次大的，以後也就沒有了，從十月裡新分科成立以後，算是另變了一副局

面，另成了一種風氣，何燮侯校長因事去職，胡仁源攢營的結果，一躍而為校長，延長至於三整年。

民國元二年中，大學裡有六科，文法理工商農，但是只有六科的空架子，其實沒有一科像樣的。又因為這兩年中的現狀是前清學制和民國學制的過渡，七亂八糟，全不成系統，所以不必詳說，巢（sic，單？）說胡仁源時代的大學。

胡仁源時代的三年，正是克希克圖所謂『依據規程，稍加損益，推行數年，成績昭著』的時候。我請列舉他的成績。第一、文科招生，獨無資格的限制，待遇上也在各科學生之下，弄得全校以文科為詬病。第二、理科裡人數最少，文科裡功課最濫，這教做『依據規程』。第三、商科裡只有一個普通商業學門，全不是規程裡的辦法，此外和規程無關的『成績』，也可大略述說。第一、胡氏弄一個中文幾乎不識字，西文幾乎不識字母的夏某來做文科學長，文科的空氣，和在棺材裡一般。第二、弄一個投君憲票洪憲碩學通儒的徐某來做預科學長，逼著學生出風頭。第三、請了許多位做官的兼任教員。第四、養成學生看講義，不看參考書，善於要範圍的習慣。第五、添設了好幾門，卻買（sic，賣？）掉了好些儀器。第六、學生的文憑主義、混差使主義，和與做官的教員連絡的習慣，完全成就，當時社會上以大學的腐敗為詬病。

總而言之，胡仁源辦大學的政策只有兩項：第一項是借著校長的地位拉攏些政界的人。第二項是不管事實如何之糟，鋪排出一個大局面，空空洞洞摸摸糊糊，給大家瞧瞧，顯他的能力，卻不問學生的所得。進一層說胡仁源辦的大學是衙門，蔡校長辦的大學是大學。胡仁源做的是官，蔡校長做的是校長。胡仁源辦的是空架子，蔡校長辦的是實事求是的學校、我固不能說蔡校長辦的大學如何完

美，如何不可及，不過由蔡校長辦法辦下去，很有些發展的希望，要是由胡氏的辦法辦下去，大學裡不能保存一線的人格。

（四）蔡校長第一次改革大學的計畫

民國六年一月，蔡校長就職。其後一年之中，採定的改革大學計劃有五項曾於兩年內積極施行。

(1) 變更胡氏時代所造成學生升官發財主義的風氣。

(2) 工科與北洋大學工科合併。

(3) 實行元年大學令中大學以文理兩科為主之意義。

(4) 改預科為兩年，本科為四年。

(5) 預科分隸各科，不自成一科。

第一項與學制無關，我不必說。第二項的理由，是因為北洋的工科成績較好，那裡有自辦的工廠，天津一帶，更有許多工廠，可以實地練習，北京大學裡不特沒有工廠，並且沒有相當的實驗室，請問工科而無實驗室，豈非笑話？所以我親見好多位工科畢業的同學，很感紙上談兵的苦痛，畢業以後，到工廠裡練習，幾乎把當年所學完全棄掉。國家辦學堂，原是求有用的，不是求無用的，與其在相離甚近的地方，同時辦兩個科目都同的工科大學（北京和北洋工科的科目，當年全同），何如專辦一個，力求完善的好。北洋大學裡有工科、有法科，北京大學裡也有工科、有法科，工科是北洋較好，法科是北京較好，所以蔡校長要把北京的工科併入北洋，北洋的法科併入北京，這是為節省財力人力。不重複了，然後力量專一，可以希望多發展些，對於來學的人，只有更多的成就沒有絲毫不便。因為多設同樣的專科學校，而不求精，不是多造就學生，是

多造就教職員的飯碗。果能合成一個，力量厚了，組織更完善了，對於來學的只有益處，以北京大學的財力而論，辦一科也不夠，就是因陋就簡的辦去，也斷不夠又辦理科，又辦工科的－因為工科用錢最多－，與其辦許多只有空架子的門類，何如叫他少而精，如此，然後可以不誤來學的人。

所謂「大學以文理兩科為主」者，並不是說文理科和其他科有階級上的不同，是因為大學以學術教育為主旨，文理兩科裡所教的是基本學術，所以文理兩科應當為大學的基本科。其餘各科，居同樣的地位，有同樣的價值，並不分等差，不過因為所研究的是實施科學，不能不先有文理科，然後設他們。還有一層，大學沒有充足的經費和人力，自然須得先整頓文理兩科，漸漸的到其他科，一齊整理，是做不到的。更有一層，法工農醫各科，都於大學之外，有專門學校，儘可慢慢擴充，後來一律改成大學，只是文理兩科，中國只有這一份，不得不先行整頓。所以這是理論上事實上必採之辦法，並不可謂有成心於其間。

原來的大學制是本科三年（法本科四年），預科三年，現在改為本科四年，預科二年。預科裡的課程最多最重要的是兩種外國語，當年的預科，幾乎專學這個。一到本科，就不學了，這個辦法，從經驗上證來，很有些不妥，三年中專學外國語，非常的乾燥無味，一到本科，一齊丟去，第一外國語不免退化，第二外國語便至於完全忘淨－我自己就是一個例－。現在的規程，把預科三年所學的外國語分一部分移至本科，就是從預科第一年起，至本科最後一年止，沒有一個時期不學兩種外國語的，如此可以減少學習的苦惱，免得後來的忘記。第一外國語定能很有點根底，第二外國（語）也能看書了，既移預科功課的一部分到本科去，預科的年限自然要縮

短，況且照舊章看來，預科第三年級的功課，有一半和本科第一年級重複，一則無味，二則墮向學者之勇猛心。再有一層，本科是專門的，三年的時限，確覺不足，有這許多原因，所以重此布置，將預科縮短一年，將本科增加一年。

至於預科分隸各科，並不獨立的一種辦法，全為著教授上的方便起見。本科和預科的教授法上，有不能不互相參照的，免去重複是一件，分別淺深又是一件。如是讓預科獨立，每每因隔膜而不能啣接，有缺略的，有多出的。

（五）文理科合併之理由

去年夏天，蔡校長作第二次改革大學的計畫，把文理兩科併合為一，叫做本科，其餘的科做分科。

大學本科（原有之文理科）

大學分科
{
法科大學
工科大學
農科大學
醫科大學
美術科大學
}

本科和分科的分別，因為前一項裡所包括的是一切基礎學術，後一項中所研究的都是從這基礎學術推衍出去的實施學術。就是一個是講原理的，一個是研實用的。當年的文理科和法工等科性質所以不同的，都在這裡，大學從性質上論去，是發展學術教育的地方。所以文理兩科是大學的特有，而不是專門裡所有的。其他分科，大學專門都有，不過有淺深的分別（大學注重學問，專門注重技術）。

如此看來，文理兩科在性質上論去，自然和其他各科不能歸在一類裡。這是去年改革大學規程時，分為本科分科兩項的理由。

　　至於文理兩科，所以合併為一而稱為本科的，也有幾層理由。第一層、文科一個名詞，老實說，有點不通，合起文學史學哲學三門來，加上個文科的名字，實是無意義，哲學斷斷不能說他在文科裡，他的材料，固然有時也以文學史學為根據，然而大部分卻是以科學為根據。東方人的謬見，以為學問分文實兩端，其實學問上的大別只可就其層次分為基本與實施兩類，斷難就其性質分為文實兩類。我們就哲學和科學的關係論起來，實在密切之極。哲學就是科學的會通，科學就是哲學的分技（sic，枝？）。哲學是實事求是的學問，決非玄虛之府，美國大學裡，研治科學而得學位的，稱做哲學博士。英國大學像牛津等，研治哲學，而得學位的，稱做科學博士。文學也與科學並目為用，文學家必須用科學做材料，做精神，纔可免去中國古來人相傳下來抱殘守缺幽艱晦澀的惡習慣。而科學家也必須浸佔些文學的趣味纔可有個更開展的空氣，不局促的景象。第二層、文科裡有許多工（sic，功？）課，理科裡也要有，理科裡有許多功課，文科裡也要有。為求教授上的聯絡起見，自然以合併為宜。第三層、大學是學術教育，學術的成就，全靠會通兩字。不比專門學校，以專攻為究竟。大學裡固然也要專攻，然而專攻之外，還求會通，必不是一孔的見識，纔可以造得成學問。第四層、中國人有個『學分文實兩端』的謬見。有這樣的學制，可以刷新一般人的謬見。總而言之，文理合科，全在求學術的會通，發揮學術教育的作用。

　　西洋大學，性體很發達，每校有每校的歷史，有每校的特殊狀態。學制是參差不齊的。但是我們若是把他外表的形迹略去，問他

的精神，實在有一貫的意義。不過有的國家，大學和專門同名同等。有的國家，很受歷史上的約束，不能整齊畫一就是了。我們既不受歷史上的約束，狠可以創一個形式和精神一貫的新學制，又整齊，又會通的學制，我認這樣改革，是北京大學的第一種成績。

科目自由選習制度，是各國大學所共有，而我國所獨缺的良制度。這次合併文理科的計畫裡，這也是添入的一要項。用這制度以後，可以增加對於所願學的科目的趣味，可以除去對於所不願學的科目的苦惱，更可以借學生自由選擇的力量淘汰不良的教員。

我把去年在專門以上學校校長會議，和今年在教育調查會，所通過的大學本科學科課程編制法，節錄幾條。

(1) 大學本科：合今之文理兩科，及其他各科之基礎科學組成之。分四學年，附屬預科二年，共六年畢業。

(2) 預科之課程：以語言文字，及論理學大意，哲學概論等，為共同必修科，全體通習之。此外為分部必修科，分為甲乙兩部，甲部稍偏重數學物理，乙部稍偏重歷史地理。隨學生性質所近，擇一部習之。

(3) 大學正科：第一年之課程，以大學學生所不可少之基本科學，及在預科所曾習之外國語為共同必修科，全體通習之。此外為選修科，分為五組，每組各有所偏重，令學生隨性之所近，⋯選習之。

(4) 大學正科第二三四年之課程：分若干系，課程全用選科制。

附本科學科統系表

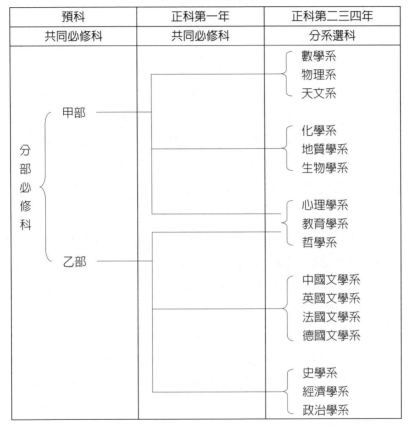

預科	正科第一年	正科第二三四年
共同必修科	共同必修科	分系選科

分部必修科

甲部

乙部

數學系
物理系
天文系

化學系
地質學系
生物學系

心理學系
教育學系
哲學系

中國文學系
英國文學系
法國文學系
德國文學系

史學系
經濟學系
政治學系

（六）克希克圖的意見書並不成理由

　　克希克圖的意見書非常的長，油印板有七大頁。然而看上幾遍，令人發笑，因為空話太多了，而且造謠。我原不願駁他，不過

他造的謠，或者可以淆惑一部分沒有頭腦的人，所以我現在只好泥中鬥獸一回。

他這意見書的前兩頁，沒有一句不是空腔。不必駁，也無從駁起。第三頁裡竟牽連到西洋中古時代的大學學制，真可謂拙于鋪張裝點了！第三頁裡最重要的一句話，說「各國大學，或全設各科，或缺一、二科，斷未有僅設文科一科，『□（而？）可稱為大學者，有斷然也。』」北京大學何嘗專設文科一科？這話究竟何從說起？第四頁裡，論大學預科不當不獨立。預科不獨立，民國元年的舊制。我現在請問克希克圖：『你這意見書豈不是要恢復民國元年大學學制嗎？你為甚麼又批評起元年大學學制，又要改元年大學令明文呢？』世界上那裡有這樣的糊塗人！

從「綜上以觀之」起，才少空話了。他在這一段裡，說出來七種應當恢復元年學制的理由。

第一條說，不應該由繁趨簡，自從蔡校長到校後，所停辦的只有一個商業學門，增加了地質歷史法文學三門，下半年又預計增加生物學德文學四門。文理法三科都是有增無減，工科是和北洋合併，不是裁撤。這由繁入簡一句話真是極不通的話。

第二條說：『本年預科三年生與二年生同時畢業，即應同時入學，於是種種困難，因之而起。年限未一，學生共懷不平。程度未齊，教授尤難措手』。大凡當一種制度改變的時候，自然有參差不齊的現象。但是圖長久的方便，看到有未妥的地方，只好犧牲一時，把他改去。斷不容因陋就簡，因噎廢食。況且三年畢業的預科生，在本科裡三年畢業，二年畢業的預科生，在本科裡四年畢業，加上都是六年，有甚麼平不平呢？舊章預科第三年的功課，和新章本科第一年的功課，大半相同。所以三年畢業的預科生，到本科裡有幾

樣功課可以不學了，而二年畢業的預科生，到本科裡比三年的畢業生多幾樣功課要學。一年的短長，程度上決不至發生大不齊。所謂教授上困難，全是騙人的話。

第三條說：『預科第一年整齊而畫一之』，這話不通之極。又說：『今縮短為二年，恆虞日（目？）不暇給。……分隸於各科，教授上不能收兼顧並籌之效。』這層的駁論，前面已經說過了。又說：『年長與年幼者，不能分別寬嚴，於訓練上尤多窒礙。』授課是一事，法則和管理又是一事，預科儘管不單設，對於本科和預科學生的管理儘管有分別。譬如選科制，本科要實行了，預科卻並不如此。缺課的記錄，本科裡或者要廢止了，預科裡當然不廢止。

第四項說：『號稱國立大學，而僅辦文科一科，幾何不騰笑全球。』這簡直是夢話。北京大學裡現放著有文理法三科，將來改稱本科，而門不減少，反要加增，不過是名稱上的更易，並非實質上的收縮。現放著有哲學門、國文學門、英文學門、物理門、數學門、化學門、地質學門、德文學門、法文學門、史學門、政治學門、經濟學門、法律學門等十三門。如何可說『僅辦文科』。

第五項說：大學濫收學生。查大學濫收學生，是胡仁源時代的事，彼時文本科並不限資格，儘有不曾入過學校，而逕入大學本科的。預科抬（招）生也一樣不限資格。到蔡校長來，纔算改革了。理法本科不外招生。文本科招生而限定專門學校畢業者。預科除德法文班極少數人外，非中學畢業者不得投考，所以預科生中學畢業者，佔十分之九，比起何胡的時代，實大不同！

第六條說：『理工二科，一旦廢棄，寧不可惜』。理科自從蔡校長到後，增加了兩門，如何說廢棄。工科和北洋合併，也不能說廢棄。（理由見前）又說：「醫農等科，亦當及早籌備」，這話我也贊

成。如果國會在預算案裡給大學一大項款，教他辦農醫兩科，而他不辦，我也要很罵他，這款也不要過多，只把安福部費分出十分之一來，就夠了。

第七項說：「學校之有制度，何等重要？……大學校長何得輕議更張。」查大學改革計畫，是由教育部發布修正過的大學令，而實行的。後來的文理科合併計畫，是經全國專門以上學校，校長會議通過的，後來又經教育調查會通過的。法律上的手續，並沒有缺憾。比起日本的修改大學制的手續，相差不遠。比起民國元年制定學制的手續，只有過之，沒有不及。

克希克圖的七種理由，不是造謠，就是胡說，再不就是曲意羅織，所以我說他不值一看。

（七）安福部的用意和我們對待的方法

克希克圖的意思，原不在甚麼學制不學制，因為安福部不是個有心教育的東西，克希克圖不是個懂得學制的人。況且他這意見書又不成理由，造了許多謠言，杜撰了許多事實。甚麼單辦文科，廢止理科咧，招考太濫咧，無非故意造出，動人聽聞，其目的物就在蔡元培一人之去職。所以改革學制的手續，他一筆抹殺，而又說了許多攻擊蔡校長的話。甚麼『徇少數人之私意……輕率從事，朝令暮改……鹵莽破裂，莫此為甚』，他的意思，可想而知了。最明顯的，是說：『近來大學校長，既無多年辦學經驗，又未曾親自在外國大學畢業，何得輕議更張？』，他這意思，竟是『蔡某不該做大學校長』。因為對人的關係，牽連到制度上，求達到他的目的，不惜把幾年來慘淡經營的大學制根本推翻，不惜這碩果僅存的國立大

學成個落花流水的現象，這居心真不可問了。況且他的目的還不止消極的去蔡氏，而在積極的弄他們同黨的胡仁源來。一旦大學換成安福部的校長，一切安福部的醜事、……都有傳授的地方了，就以現在的事情而論，運動畢業生、未畢業生，甚而至於運動投考的學生，種種醜態，我也稍有所聞，以這樣的人表率大學，將來成一種甚麼風氣，可想而知。況且蔡校長現在維繫全國教育界，一旦用這手段把他請走，換個胡仁源，全國教育界永沒有容易恢復舊狀的希望。我勸諸君不要認這事以為是大學校長個人問題，要認定這事件與全國教育界的前途有無量關係，多想法子，拼命的抵制去。

抵制的方法：第一步、是把蔡校長請回，蔡校長此刻回來，犧牲實在很大，將來成敗禍福，都未可知，但是為這事犧牲，也還應當。第二、是預防胡仁源的各種陰謀，揭破他，讓他無所用其技倆。第三、大家對於克希克圖的意見書，和安福部的其他作用，必須用方法發現其隱衷。第四、教育界全體─不分學生教職員，應當謀有實力的團結。

（原載《晨報》民國 8 年 7 月 16-17，19-20 日）

三、《晨報》新聞報導

……

（傅君）北京與各地學生對於芮使此番回國俱懷無限感想。中美邦交以地理上，經濟上，民性上之關係，素來輯睦。近更以美國累次仗義執言，華人心中以為貴國實吾華唯一之友。先生自來中國，以學者的態度，增密兩國國際間之關係，更於政治上，經濟上為許多之輔助。最可感者，即平日導引華人智慧的發達。而自和平會開後，更為友誼的、提攜的援助。先生在華數年，實留一不能磨滅之感情於華人心上。而數年中中美邦交之隆，乃歷史上所不可忘者。我等對於先生此行於極感惜之中，負有無限之希望。以為往者如此，來者可知，此後助吾華更當無有涯量。除於此緊急時期在和約國際聯盟等輔助外，自必於經濟上、政治上為無量之贊助。尤望以美國民治精神導引吾華智慧的發展，使華人於智識上，生活上與世界為一體，然後有以固世界之康寧。

（芮使）盛意極感。我來華後對於中國事件極覺親切有味，特以中華情況非常複雜，頗不易得其實在。回國之後，自必仍從事於華事之研究以為諸君供獻。此番學生運動發生後，我實佩敬中國當此時會，自必有此類之提醒作用。國家事項非學生所能一一處治者，但當為智識的傳播，發布刊物，以國民智識之提高為謀。更當與農民商人及其他社會日相接觸，交互補益，圖「國民的統一」。然後國家的實力隨國民的知識、能力、生活而升上。我極樂與華人

友，更愛華人之青年學生。此後國家仰仗於學生者至多，望發憤為
之，我自必時常為友誼的協助。

（傅君）我等對於公使此旨感謝，而且佩服。數月來之學生運
動，原為提醒國人之作用。我等深信國家事件，非學生可得一一處
治者，我等並不願一一為處治。特以各種方法喚起國人，使共負國
民的責任心，知一切社會，在一國中受同等之利害，於（與？）負
同等之責任。有民族的覺悟，然後收共治的效果。此後當發憤為學
術上之研究，謀勞働者之生活，以知識喻之眾人，以勞力效之社會。
務使中國大多數人得一新生活，然後成中國民族之康寧，然後可與
世界諸民族同浴於同一文化之流。先生於中華問題研究極精，先生
著作皆我等所樂讀。其中精處竟有為吾人不能自身體會到者，望此
後續有所著述也。

（芮使）諸君此言佩極。近來學生諸君之見解行事，使予不忘
於懷。余歸國後，當使吾國人備知諸君所思、所謀、所行。諸君所
謂喚醒國人之作用，使國人共有民族的責任心與覺悟心者，實今時
惟一之圖。至於欲變現今社會之疏散，結合為一關聯密切的組織，
尤為使國家健康之要事。余極佩諸君之志，更切望此功之成。諸君
個人願將來作何類事業，余頗樂聞。

（傅君）余等志不一。然中國今日之學生，簡括言之，有一共
同之目的即以學者的態度悉心研治西洋近代的學藝，借為考究中國
現日各問題之資助，求得一解決之方而謀向上之業。又願本自己之
覺悟、知識、體力自創一種生活。以此生活為造成新社會之資。我
等敢代表大多數學生一言，將來服務社會中，決不向不適時、無生
趣之舊社會投入。願獨立創造新生活，以圖淘汰舊生活。

芮使聞此言頗為感動，屢稱將以中國學生所志告于美人，使美人知中國未來之希望在此。……

（原載《晨報》民國 8 年 9 月 11 日）

四、濟南一瞥記

孟真

　　現在山東有一件最可惹人注意的事，就是日本人在博山私闢租界。原來博山一個地方是個十字交通的要道（膠濟路小清河），更是礦產最富的地方，將來定是山東省中最大的工藝場。日本人也知道這樣，所以就串通敗類私闢租界。有個楊子才，是悅來公司的經理，直隸甯津人。又有個姜萬魁，是礦商，奉天人。偷把闖外河灘的地，賤價買來賣給日本人。又有個日本留學生名崔敬之的，平素以「親日派」自稱，人家也常說他幹這一類的生涯。總而言之，山東的「小賣國賊」本來很多，有些在政界學界上頗有聲名的人，也幹這事。濟南商埠上的地，被這些人賣的無數了。現在濟南一部分人正設法澈查博山這一件事，不知道結果怎樣。

　　濟南的政治早已糟到無話可說。以不被兵災的省分，財政上居然破產，也就可想了。當年的張安，現在的馬良，大家都知道，不必說。而近年作禍最利害的要推張樹元，王鴻陸。王在運司任好幾年，把前清的庫存都花得乾乾淨淨。民國五年裁撤的緝私隊，到八年還拿錢。又以一張膠濟路江等免票的代價，和日本人訂了個每個日本人（無限制）帶三十斤鹽不納稅的條件。臨去任時，一捲而空，而其鑽營賄賂的好手段，也把山東人教訓的十足了。張樹元當年在濟南戒嚴總司令任內，殺志士冤屈者之多和將濰縣讓給日本人（三

次革命時）都不必說。單問近事，一則勾結安福部，二則請戒嚴令，三則——最不得了的——裁兵不裁餉（詳見二十日的觀復信）使山東的財政破產。

張樹元辦了一個安福派的政團名叫洛社，以油滑官僚王丕照做老板。凡省議員加入的，每名津貼月四十元。又有一個安福的自治協會也照樣辦，議員中受此津貼的有二三十名，安福國會的黴菌居然傳染到山東了。

安福的路礦維持會的老板陳某，有一天在一飯店請了一百名客，人家問他為甚請如此之多？他說我餵豬哩！被請的人大不歡喜。我看餵豬恰對「養魚」。

濟南的教育狀況說來可以痛哭一場。專門學校全在無心教育的人的手裡，法專的校長孫毓坦是山東安福的健將，過幾天就要往北京走一遭，校事是向不問的。前月上山西調查政治回來，就在他們校裡辦了個洗心堂。商專的校長葉玉階就是在五四後向省長沈銘昌誣告工業學生要放炸彈，又以方法使商專學生散隊的人。這幾位「活動家」所辦的成績，記者實不忍說了。

福州事起，學生很激昂，當局把有甚麼事故。忽然一天派兵把各學校的門圍起來了，不許放行。正誼中學的學生全是通學，不許出來吃飯如何得了，於是有點小衝突。這些守門兵雖不許出門，卻陪笑對各校教職員學生說「聽說某國人要在山東做如福州一樣的行動，所以派我們來保護諸位。」這連哄帶嚇的怯手段真堪一笑呵！

濟南有一件很可樂觀的事，就是有了所謂新舊之爭，而第一師範就是爭的場所。教員學生皆分兩派，持新主義的人數少而力量多，以教員王世林君、劉次蕭君最為有力。亦為舊頭腦者攻擊之的。新齊魯公報上累出不窮的罵他們，但絕說不出什麼理由，反說他們

是奉「矮王」的旨意來傳布。趁這排日熱的時候，用這無聊的傾陷手段，直不啻罵人者自身人格的證書。而其不說理由，又是無理由的不打自報供狀了，至於學生方面爭執亦很利害。

王樂平辦的齊魯通信社，在濟南銷新思想的出版物很有些力量，教育界有議會的一部分人組織了一個學術演講會，來北京聘人演講。杜威博士，胡適之博士定于本月二十四日赴濟演講一星期，蔡孑民先生定于二十八日赴濟演講三日。這一舉動，恐怕濟南教育界的寂寞要漸漸改換了。

（原載《晨報》民國 8 年 11 月 23 日）

五、致李約瑟短函

約瑟先生左右：前
囑代查中國舊籍中關於「火藥」之資料，頃
已查得數條，茲另紙抄奉，敬請
察收是幸。專此　敬頌
大安

　　　　　　　　　　　弟傅斯年　敬啟
　　　　　　　　　　　九月十五日

（另附五頁抄件從略）

六、送李約瑟博士返英國

　　五年前倫敦皇家學會送他的會員李約瑟博士來中國，這在中國與西方文化交流史中是一件很值得記錄的事。自明萬曆年間來中國的耶穌會士利馬竇以後，很有些是有學問的人，但他們的目的，不是以科學溝通為第一義，他們雖是博洽的人，卻並不是先在西方負重名然後來的。清康熙年間，有來中國的學者，已先在他本國建立了學術的聲譽，但他們來中國的目的也與李博士不同。一個大邦的科學院，送他的院員到中國，專為科學的溝通，與中國的科學機關聯繫，在我們堅苦戰鬥中給我們很大的鼓勵，李博士之來中國要算是這樣的一個新紀錄，更應當是今後科學合作的新開始。

　　李博士在胚胎化學方面的貢獻，全世知名，不待，也不能，由我這外行人去說，我只說：他的熱誠，與多方的才藝。

　　在抗戰中的中國科學機關（包括大學）實在多不成其為科學機關，設備幾等於零，其中工作者事實上是無人理會的難民。原來在抗戰初起的中國學術水準，比現在高得多，經敵人的打擊，倉皇西遷，物質的困頓造成了精神的萎頓。在這樣情形下，外國學者驟來一看，一般來說，應該是失望的。然而李博士所得的印象並不如此，他的了解力使他看到事情的另一方面，他的熱誠使他有此了解力。與其說他看到我們的簡陋，毋寧說他看到我們的堅忍力；與其說他看到我們目前的落後，毋寧說他看到我們未來的希望。他仔仔細細的看了很多科學機關，看清楚他們正在研究的問題，看清楚他們工

作的方式。有些機關，有些人，他以為在這種情形下還能這樣做，真是了不得的事情。他在華中間曾一度回國幾個月，曾在倫敦和他地作了多次講演，解說中國的學術界，引起了英國學界對中國的新感覺。先是他來中國之後，一面看，一面報告國內，在《自然》週刊上寫了幾篇敘述中國科學的事，中國的科學研究在外國有甚高權威的期刊上由甚高的權威者作系統的敘述，也是創見。去年秋天，他應蘇聯科學院紀念會之請，到了蘇聯，更為中國科學研究作一詳細、實在，充富了解性的介紹。所以他回國以前已經替中國的學界作了優越誠信的代言人，不止一年了。

不了解我們而同情我們的人，自然是我們的好朋友，尤其在患難中。然而了解我們而不同情我們的人，他的話也許更應該聽些。最難得是又了解我們又同情我們的人，尤其是他的同情是由了解出來的。這樣的英國學人，我只見了兩位，前有羅素先生，今有李約瑟博士。

李約瑟博士對於中國科學技藝進步史最有興趣，他回國後大目的之一，是寫一部中國科學史。他能說中國話，能讀中國書，我們有時候還談談版本考證，兼以他在科學上的修養，以及多方面的興趣，在今天作這一事，恐怕世上沒有學人比他更有資格的。他仍謙虛的說：「我只作一個粗糙的輪廓」，不過我相信，這個輪廓一定是富有提示性及刺激性的。以他的思想，可以在輪廓中，捉摸到真義。以後經過批評、充實、反證，又回到原來的提示，這樣的情形，我們研究史學的是常見的。

他這書將來決不會是一個「大全」，一定是一個富有思想的書。舉一個例，他以為中國古代的自然知識，道家中甚多，老子書，決不可用神祕的色彩去解釋，儒家的起來，淹沒道家的自然知識，及

其自然學派的哲學,至於自然學派如何為倫理學派所淹沒,是漢朝的政治環境所使然。我對此說是完全同意的。他認為中國科學之不發達,由於政治環境社會環境與歐洲不同,並非由於中國人與科學有隔閡。

他現在取道北平上海回國去了,我們也知道他回去後必於中英文化之互相了解與合作更有重大貢獲,也知道他將來還會回中國來,但我們依舊傷感。我們難得這樣一個患難中的朋友,難得這樣一個了解我們的朋友!莊子說「送君者皆自涯而返,君自此遠矣。」

(原載《(重慶)大公報》民國 35 年 3 月 7 日)

七、傅孟真先生寄弟書（時先生在美養病）

　　孟博：久不接你信，極念。忽接信，知你生病甚久，大為關心，連日思之不已。你信中並未寫是何症，看情形，似乎是血壓高，你何以不說呢？現在假定是血壓高。我說說我的情形。我這次來診治，知道此為「不治之症」，但是慢性症，只要調理好，也不太要緊。此病有遺傳趨勢，你如鬧此症，當與我相似，我說說我的情形。

甲、病源　　真正病源，醫學並未發明，只可說助成的原因

　　1. 體胖　使心臟受損，全身功用失其平衡。

　　2. 脾氣壞　此最是大毛病　憂勞怒三事無一要得。大約憂為最壞，次為怒，次為勞。我不算大勞而平日憂國憂民却並不自憂也。

　　3. 習慣壞　生活不就秩序，吸烟喝酒，勞動無節制，睡不滿六時（目下酒早不吃，烟尚未戒）

乙、病象

　　1. 心放大已甚。

　　2. 血管相當硬化。

　　3. 腎臟功能尚好　但未必真無毛病。

　　4. 頭痛眼花等主觀症候。

丙、治療。去年十月，會診結果，世界著名 Dr. White 決定兩法，一，開刀，即將中樞神經與交感神經之連斷處切斷，此絕大手術也。二，大米齋。但主治我之醫生即哈佛醫學院長 Dr. Burwell

不大願意用開刀之法，而願先試吃法。遂用「大米齋」五個星期，大見功效。連心臟都縮小了二十度，又改試「無鹽法」情形一樣，遂決定以此為治療之法矣。

先說吃「大米齋」。名"Rice-fruit-Sugar-Diet"每日吃的東西，以大米為主，約當全數四分之三，此外四分之一，以水菓及糖為之。全部熱量，約一千二百 Calories，所以身體減輕，到今只有一百五十多磅了，減了三十五磅，心臟放大處縮小由 183 減至 161，我之目下體重應為一百三十六，故尚擴大約二十五，此恐無可減矣，

此一辦法，最要之處為 1.絕不吃鹽及其他有 Soda（所打）之物，如汽水等。2.蛋白質限於每日二三十 Grams，所以一天大體是吃大米。五個星期大見功效。

以後改用之「無鹽法」（Low Sodium diet），即絕不吃鹽及其他有 Soda 之物，但蛋白質不大受限制。所以已與常人無大別矣。惟仍繼續少吃故體重仍在減中。

我的辦法，並不根本，然已大有進步，血壓自 200 左右降至 150-160 頭痛等減少甚多。如再不吃雪茄，當更好。我頗悔去年不開刀，且大夫（主治者）不主張（以我年過五十也）。至于吃法目下是無鹽法，並非大米齋。回去之後，仍想吃大米齋。

現在挪你與我比較。我們的胖相同（今我已不算胖矣。）同一父母，身體相同之處甚多，所以我的情形，你可參考也。

至於不同之處：1 我有吃烟喝酒之習慣，你沒有；2 你勞動過於我甚多，我用腦比你多多。所以可謂大同小異也。目下我對你的想法：

一，絕對減少食量。每月至少減五磅至十磅。開始越快越好。所以要把你平常吃的東西，減去至少一半。我之多吃是在外請客，在家吃不多，比你少，且甚壞。結果飢一頓，飽一頓，你是經常在家多吃的，我回國後，不赴宴會矣。

　　這是治療第一步，萬萬要做到，如你之胖，每天心臟功作甚苦也。必須減輕體重，千萬千萬！！！

二，最好不吃鹽，不吃油，凡物以白米煮之蒸之。不吃油者，以油含之「加樂利」（熱量 Calorie）九倍，不吃鹽者，以 Soda 在血中吸收水分，且使腎臟工作太苦。此事我希望你也要辦到。你的情形，萬不可大意也。吃久之後（如我）並不感覺難過，今如旅行吃一回普通飯，覺得舌頭辣得難過矣。

三，少吃肉越少越好。

以上無鹽法也。此事弟必做到並不難，只要有決心耳。附帶的。因避「所打」所以汽水，及發麵類以及外國麵包等凡 Sodium 者，決不可吃。中國饅頭如是酵發的，尚可吃，豆腐不可吃用鹵水做的！

以上之「無鹽法」並「減少熱量法」，乃絕對需要，即我此次成功之故。弟萬勿忽之。

退一步即為「大米齋」。此法大體如上一項，但不同者，即以大米為主，且每日吃蛋白質不過二三十瓦耳。此事弟能辦到否，我頗懷疑。先做「無鹽法」再試此，亦好。如弟有決心先用此，我當以詳細方法寫告也。

弟本不喝酒吃烟的，但走路等勞動要減少到最低限度。晚上睡覺要夠，睡不著，少吃安眠藥，無妨。頭痛時可吃 Aspirin 但須多喝開水，以免胃口不良。

此外兄多年用之藥名 Potasium Thioganate 者，自入醫院後（去年九月底）即未用。Dr. White 謂無用，他並說「目下有效法只有開刀與大米齋」，此君乃世界著名治此行之專家也。但我自己之經驗，大有用。你可問問戚先生。其量不能太大，大即中毒，小也無效，故難。大約每日三次至四次，每次十之一公分（0.1 Gram）兩星期後，血壓必大降，如數日不吃，又照舊上來。但一時救濟，亦頗有用矣。我當最近託人帶去若干。但此事只可為治標而又治標。要緊在飲食耳。弟現在必須減食，必須不吃鹽。詳細辦法，我回去後細談。

我這一大篇，全是假定你是血壓高，也未必想得對。無論如何，快寫一信回來！

我要不是有家在此累贅著，早回去了！現在無論如何，至遲七月必走，月底即收拾書籍，下週到紐約買船票。

趙太太之令弟老六，也鬧血壓高。我告趙太太，他如願意可到弟處看看此信。今天趕寫至此。

　　　　　　　　　　　　　　　兄　白　　四月五日

（傅孟博先生附言）

孟博襁褓失怙，先兄長我七齡，雖家境清寒，而愛弟彌篤。稍長，苦心訓導，時虞不盡。視蘇子由弔兄子瞻文所謂「撫我則兄，誨我則師者」，其真摯友愛殆尤過之。乃不幸中途永訣，追維教養恩深，愴痛曷極。此書為三十七年春先兄在美所發（孟博於三十六年冬亦患血壓高症，當時恐影響其病體，不敢以告；嗣聞兄病瘳，即將返國，乃約略陳之。）愛弟之情，流露於字裡行間，博讀後感泣，將此書什襲珍藏，欲以留之子孫，永示模楷。至先兄一生，養

天地正氣，法古今完人，可當之無愧矣。茲值先兄安葬，特將此書
付梓，友于之思，同氣之悲，其何能已！傅孟博謹誌。

【原載《國立臺灣大學校刊第 147 期》，民國 40 年 12 月 20 日】

八、作學問要虛心　對人要謙和辦事要誠實
——傅故校長生前給他姪公子樂成的一封信

　　樂成老姪：你的信我收到，甚高興！作學問第一要虛心，讀書愈多，愈覺知識之少。Sokolsky 書不可看，此人既不知史學，又不善作文，乃美式流氓記者也。日前在龍門書局看到一部書，已買來託姚先生帶去，你看看，能讀否。H. G. Wells 之世界史綱，我有一部，原留為仁軌讀，你可拿去。此君乃近代最大文學家之一，然此書文章不好也。其意思則史學家甚傾佩。我想你第一步是先讀一部短書，好好讀，我正在查中，看有可用者否。史學名著究以何書為宜，我們見面後細談。我已託在美友人找一二部。

　　史學，考據是方法，總要相當了解，即不用考據，亦須略有此訓練。至於通論之書，在一般學問，似易而實難。你幾時有工夫，可到京一下，星期六星期日我們細談兩個半天，如何？因為寫信寫不清楚也。

　　你年歲已不太小，此時發奮，仍不為晚。作學問要虛心，對人要謙和，辦事要誠實。你這信意思甚好，希望以後擴而充之。

　　　　　　　　　　　　　　　伯　父　三十七年十月二十一日

（原載《國立臺灣大學校刊第 147 期》，民國 40 年 12 月 20 日）

10.傅斯年校長在臺時期遺珍

　　傅斯年先生自民國 38 年元月 20 日正式接任臺灣大學校長，39 年 12 月 20 日不幸在省議會質詢時逝世，為期僅二十三個月，但對臺灣大學的影響極為深遠。民國 69 年（1980）臺北的聯經出版公司曾出版《傅斯年全集》。由於當年海峽兩岸隔絕，傅先生有些資料在臺灣不能見到，又限於選擇條件，故頗有缺佚。2003 年湖南教育出版社的新版《傅斯年全集》放寬範圍，除增補不少大陸方面的資料，連在臺大校長任內傅先生署名的布告也予納入。惜仍不完整，且有些文字遭到刪改，校對亦嫌不精。故所謂「全集」者，實皆不全。

　　幾年前，筆者因查閱民初史料、李約瑟在華經歷、以及日本投降後臺灣大學初創時之重要事跡時，發現八件不載於兩種《傅斯年全集》之佚文。民國 99 年（2010）八月，臺大為紀念傅校長逝世六十週年，曾舉辦「傅斯年學術思想的傳統與現代研討會」。當時山東聊城大學馬亮寬教授來臺參加，而知《傅斯年全集》有佚文事。後為出版該研討會專集，馬教授向筆者索取傅先生佚文，以為附錄。乃加引言，撰成「傅斯年先生全集補遺」一篇，載《傅斯年學術思想的傳統與現代》（王志剛、馬亮寬主編，天津人民出版社，2011 年）第 466-485 頁。其中函件部分，2011 年中央研究院歷史語言研究所出版《傅斯年遺札》亦缺。

　　近年來，臺大校方聽信傳聞，將提示師生作息時間的二十一響鐘聲，認為是依據傅斯年校長曾有「一天只有二十一小時，剩下的三小時是用來沉思的」的「銘言」，並在「傅鐘」下立牌說明。但此說甚為怪異。蓋「一天只有二十一小時」是不合科學事實的，傅先生似不會說這樣的話。實際上，這句話並不見於兩種《傅斯年全集》和筆者經眼之十幾種有關傅先生的書中，而《國立臺灣大學校刊》亦無紀錄。再者，筆者在學時（民國 45-49 年）之記憶中，校鐘響數逾二十次，但並不一定。是以學長所寫文章有「鐘聲二十一響」（許仁圖，《鐘聲 21 響》，民國 69 年時報文化公司），也有「傅鐘二十二響」（王尚義等，《野鴿子的黃昏──傅鐘二十二響》，民國 69 年采風出版社）。甚至臺大早期的網頁還曾經出現「傅鐘傳來二十二響的鐘聲」的文字。是故，筆者曾於 2005 年向時任副校長的陳泰然教授反映，答覆是正在查證中，卻迄無回音。唯此疑問筆者常縈於懷，後思及查看傅先生在臺大校長任內是否曾對新聞記者說過類似的話？故翻閱了民國三十八、九年的《新生報》，《中央日報》，《公論報》和《民族報》等，仍未找到「一天只有二十一小時…」這樣的話。由此看來，所謂傅先生的「銘言」極可能實乃無稽之談。

　　然筆者在查閱舊資料時，發現了傅先生到臺灣後有些為人疏忽的言論佚文。又《國立臺灣大學校刊》有校長重要佈告兩件，校長報告及致詞共三件，兩種《傅斯年全集》均未收，也有一件聲明於「湖南版」刊出時遭刪改。再者，一些有關傅先生治校與教育觀點之資料，2012 年臺大出版中心出版之文集《臺灣大學辦學理念與策略》（增訂版）竟亦未載。另在國史館 2005 年出版《陳誠先生回憶錄》中有傅先生為公教人員待遇問題之批評建議函一件，《傅斯年遺札》亦未收。幾年來總共蒐集到遺珍 25 件。

由於傅斯年先生所倡乃「客觀、科學、嚴密的史學」（王汎森《傅斯年：中國近代歷史與政治中的個體生命》聯經版，頁 77），一向重視史料之完整性。惜「臺北版」與「湖南版」兩種《傅斯年全集》，中央研究院出版《傅斯年遺札》，以及臺大出版《臺灣大學辦學理念與策略》（增訂版）均有遺漏。筆者謹以所得 25 件資料之撰寫或報導先後為順序，列各篇題目或言論主題，以及出處於下，隨後再錄全文，繼前撰「傅斯年先生全集補遺」，做為傅先生在臺大校長任內史料之「再補遺」。

1. 傅斯年先生於民國 38 年 1 月 19 日上午蒞臺北，下午會見記者，《新生報》20 日刊出了報導。

2. 《中央日報》民國 38 年 4 月 16 日刊出臺大本學年度校務會議前的「第一次校務會議校長報告書」。

3. 《公論報》民國 38 年 6 月 20 日刊出傅校長在臺灣省議會答覆劉傳來與劉濶才兩位議員之質詢全文。

4. 《民聲日報》民國 38 年 12 月 27 日報導 25 日傅先生就任臺大校長後第一次公開演講「自由與組織」的內容大要。

5. 《新生報》民國 39 年 1 月 22 日刊出因元旦晚會有學生鬧事，事後又在校內外作不當宣傳遭受處分後，傅校長所發表的公開說明全文：〈臺灣大學安定如常〉。該文及致編輯之函，亦見《國立臺灣大學校刊》第五十五期。

6. 《中央日報》民國 39 年 2 月 16 日記者報導傅校長對中共政府與蘇聯簽訂條約一事的評論。

7. 《中央日報》民國 39 年 4 月 9 日報導財政部職員苑振鵬君死去後家屬與臺大醫院發生糾紛，臺大傅校長發表之公開談話。

8. 《公論報》民國 39 年 5 月 14 日報導 13 日上午傅斯年校長在中央警官學校演講「提高警覺性」之內容大要。

9. 《中央日報》民國 39 年 6 月 29 日刊出傅斯年校長評論美國總統杜魯門新遠東政策聲明之報導。

10. 臺灣進入戒嚴時期後，政府對「匪諜」有檢舉與自首辦法。為此，民國 39 年 7 月 4 日臺大有一校長佈告，載 7 月 10 日出版之《國立臺灣大學校刊》第 76 期。

11. 傅校長於民國 39 年 7 月 8 日有致行政院陳誠院長一函，提出有關調整公職待遇辦法之建議。載國史館 2005 年出版《陳誠先生回憶錄──建設臺灣（上）》，頁 449-452。

12. 《中央日報》民國 39 年 7 月 14 日刊出 12 日該報舉辦「韓戰座談會」中傅校長之發言紀錄。

13. 傅校長於民國 39 年 7 月 18 日召集臺大各單位組主任及股長談話，強調積極與限期除弊。報導見 24 日出版的《國立臺灣大學校刊》第 78 期。

14. 《國立臺灣大學校刊》第 79 期（39 年 7 月 31 日）刊出傅斯年校長因臺大發生教育部撥用儀器藥品為保管職員與駐校警察監守自盜一案所發表破案之報告全文。

15. 《公論報》與《新生報》民國 39 年 9 月 10 日刊出省參議會駐委會 9 月 9 日邀傅斯年校長列席報告之內容。

16. 《中央日報》民國 39 年 9 月 29 日刊出 28 日傅先生之投書，說明胡思杜詆毀其父胡適之先生一事。

17. 《中央日報》民國 39 年 10 月 1 日刊出傅斯年先生〈清算共產黨的「政績」〉一文。

18. 《中央日報》民國 39 年 10 月 21 日刊出傅斯年校長所寫「劉希聖君在醫院自殺事件之調查」之說明

19. 《新生報》民國 39 年 10 月 25 日為紀念臺灣光復五週年，出版特刊《新生的臺灣》並請傅斯年校長撰寫「泛說國立臺灣大學」一篇。

20. 《國立臺灣大學校刊》第 94 期刊載民國 39 年 11 月 14 日傅斯年校長出示之佈告全文，勸導誤入歧途學生遵從規定，在限期內（12 月 10 日）向政府自首。

21. 《公論報》民國 39 年 11 月 15 日有專文報導傅斯年校長為臺灣大學五週年校慶發表的感想，標題為「傅斯年談感想——學生研究學術空氣濃厚；臺大醫院現正著手改革。」

22. 《國立臺灣大學校刊》第 103 期刊載民國 39 年 11 月 28 日傅校長在「實驗林」審議委員會第一次會議時之致辭。

23. 《中央日報》民國 39 年 12 月 7 日報導傅校長對南京金陵女子文理學院學生要求驅逐美籍教授費睿思女士出境一事的看法。

24. 《新生報》民國 39 年 12 月 21 日報導 20 日下午傅校長向臺灣省參議會報告的主要內容，是他臨終前最後的報告，《公論報》則報導了他最後的答詢。

25. 民國 39 年底政府在臺灣開始推行地方自治，民選縣市長及議員。訂 40 年元月舉辦臺北市市長選舉，原官派市長吳三連辭職，十二月登記參加競選。傅斯年校長特撰辭表示支持。其手蹟由「吳三連競選辦事處」於民國 39 年 12 月 31 日公布，以為宣傳並示敬悼。

各篇內容如後：

一、傅斯年抵臺北會見記者談辦理臺大問題

　　傅斯年先生 38 年 1 月 19 日上午蒞臺北，準備次日正式接任臺大校長。當天下午四時會見記者，回答問題。20 日《新生報》刊出了報導如下。

> ⋯⋯各報記者詢問和談問題及改革臺大辦法。傅氏首稱，渠現就任校長，未便多談政局，渠個人對於和談希望極表懷疑，共黨對和談毫無誠意，片面言和屬於妄想，渠堅決拒絕對時局做任何預測。繼就辦理臺大問題，答稱：對臺大情形未加研究之前，不能談辦法，只能言態度。余辦學態度是「開誠心，布公道」六個字。希望人人合作，共同努力，求安定和進步，使其成為一個理想大學，諸君必能相信余決不以敷衍態度辦理臺大。今日為吾人充實臺大最好時期，中央研究院試驗院均將遷臺，基於有利於臺大的條件上，余儘量設法使臺大與學術機關合作。中央研究院擬在臺建宿舍，并借用一部份臺大校舍為研究室，似（以？）此優良之人才物力均為臺大所利用。然臺大斷不能接受內地其他大學遷入，臺大所願合作對象是學術機關而非大學。目前最大困難為經費與宿舍問題，故余接事臺大，最初一個月將致力于總務方面。至教務方面工作，在二個月後始能著手改革。人事方面以不兼職為原則，原擬聘立委童冠賢為教務長，並已允辭去立委

職。童氏被選為立法院長後，又擬改聘水利專家張含英接長教務，因渠任北洋大學校長，是否應聘，尚未決定。訓育主任為鄭通和（現任中央青年部長），總務長為余又蓀，至於教授方面有前任臺大校長羅宗洛、莊長恭等。余相信在四五個月後必能使臺大學術水準提高至我國最好大學的最高程度。教育部近有百餘噸圖書（？）寄藏臺大，並撥四萬美金補助購買圖書儀器。談話約一小時，記者辭出。

二、第一次校務會議校長報告書

傅斯年先生就任臺大校長之前，校務有段時期甚為混亂。民國三十七學年度第一次校務會議直到 38 年 4 月 20 日方才召開。會前數日，傅斯年校長曾擬就校務會議書面報告。「報告書」全文載於 4 月 16 日《中央日報》，內容較聯經版《傅斯年全集》第六冊 141-146 頁據《國立臺灣大學校刊》第 28 期轉載者為簡，重點也不完全一致。推測前者是傅校長之初稿，後者則可能為書記所整體的現場會議紀錄。以下是《中央日報》所載的內容：

> 本校將來的進步，可以分作三項去看，也可以說三個層次：一、教育範圍的，二、學術範圍的，三、協助社會上。尤其是臺灣省內，建設範圍的。這三項原不能截然割分，然為推行有效起見，也不能不大致劃分，作為三個階段。我大膽向諸位先生提議，我們要在一年半之內，集中精力，改進

本校各種通習科目，建設本校的教育制度，務使未來的學生，一進大門來，便待到第一流的教授教他們的普通課，教課之需要實習者。得到充分的實習機會，有富於教本參考書的閱覽室可用，有優良的助教改他們的卷子，國文的程度（按後改為「國文和外國文的程度」），一年之內頓然改觀。學生的求知慾。是應該加以鼓勵的。

　　為達到上項目的。今提出一個方案來，即：（一）自現在至明年暑假，本校應集中力量充實本校之一二年級教學，以發揮教育之力量，尤應注意下列各事項：（1）增設大教室及學生實驗室，（2）充實本部及法醫兩院圖書館。（3）儘量請富於教學經驗或學術貢獻之教授擔任一二年級一般科目。（二）為達到上項目的，優先充實文理兩學院內及他學院內之一般實習課程及其師資。（三）各學院一二年級必修課程及科目屬文理兩學院者，由文理兩學院聘請教員。（四）組織大一課程委員會由教務長為主委。（五）就財力所及充實研究事項。（六）儘早設法補齊本校所藏之期刊。（七）與建設機關之合作儘量相機為之。

　　以上所說的一般通習科目，包括在文學院的國文。英文、通史；邏輯：在理學院的數學、物理、化學、動植物、地質；在法學院的普通經濟學，法學通論…等。為充實這些一般課程，還要增聘不少的教授，這個辦法，與其講為充實文理兩學院，勿寧謂為充實全校六個學院的基礎課程。

　　關於本校經常事項之進行，及臨時發生之意外事項，均由各院處報告，茲不贅述。在此附帶報告兩事：

一、本校房舍多年失修。教室待建，近由臺灣省政府主席陳
辭修先生撥給本校一百五十餘億以為修建之用，這雖是
「物質建設的」初步，卻也是很大的一步，尤其是在這
樣國庫艱難的時候。此外省政府協助之事尚多。省參議
會及社會上人士對本校之期望亦大；斯年對這般的好
意。至為感謝。

二、近日報上對本校附設醫院頗有批評。此事現正在監察行署
調查中，我不應該有所聲明。惟有一意不能不說，凡批評
之合理者；理當竭力容納，並應感謝。即無批評；亦必日
求進步。本校醫院，多年失修。露窗露天，兼以經費支絀，
自去理想尚遠。然多數醫師，良好盡職。魏院長人品學問
實不易得，我不能因流言而聽其辭職，相反的，我當以
全力支持他。改進醫院中一切事項。醫務的，護士的，
事務的，一步一步作去，假以時日，必有顯著的進步。

三、省參議會教育質詢

民國 38 年 6 月 17 日為臺灣省參議會第七次大會第三日，上午
為教育報告及質詢。18 日各報有摘要報導，20 日《公論報》載傅
校長答覆劉傳來與劉潤才兩位議員之質詢。全文為：

劉傳來問：

問臺灣大學當局幾點：

一、國內歸臺之寄讀生其攻學情形如何？

傅校長答：

　　二、三、四各年級季考時間未到，其成績如何尚難詳知，至一年級特別班學生，其中瑕瑜皆有，其程度差者如國語不佳，請國語推行委員會主任何先生加授，國語國文英文不佳者，亦增加鐘點，教員已盡最大努力，惟有不少人常不到校，暑假考試時自難及格，希望家長多多督導。

劉傳來問：

　　二、對臺大寄讀生今後之方針如何？對升級及畢業學生有何特別計劃，查寄讀生本來不得冒臺大名義畢業，應等將來各歸母校受領文憑，然許多家長關懷此事各寄讀生亦多不安，自難安心求學，是故各家長及學生多懇請當局規定補救妥善之變通辦法，以使學生安心攻學。

傅校長答：

　　寄讀生本非本校正規學生，依照教育部規定，寄讀轉為正規生須受轉學考試，現本校對於二、三年級之寄讀生，如其成績在以七十分以上者，免除轉學考試，准予轉入正規生，乃從寬之辦法，其不及七十分者，仍可參加轉學考試也。至四年級寄讀生，經建議教育部，如該生學分不缺，考試及格者，擬請部發給證明書式，由本校代發，覆示正在催請中。

劉傳來問：

　　三、關於臺籍一年級寄讀生，請全部優先轉入臺大正規生，如該院系名額已滿，似可准許編入其他院系。請問校長高見如何？

傅校長答：

對於臺籍之一年級寄讀生之入學，春間有優待辦法，其中學生頗有曠課甚多者，雖經勸告終未收效，希望各位轉告學生家長，從嚴督導之上課用功，本校當以每一學生考試之及格與否為升級之準，此事有「學期（則？）」規定明白。

劉傳來問：

四、關於臺籍二、三年級寄讀生，請准許一律依照臺大正式生于以升級或降級處理規則辦理如何？正式生平均以六十分為及格，現近同規定二、三年級轉入成績，必需在平均七十分以上，對此點請問校長貴見如何？

傅校長答：

已見貴參議員詢問第二點之回答矣。

劉傳來問：

五、臺大教員宿舍糾紛問題如何解決？本員希望神聖之學府，請高明的傅校長，趕快把此小問題，依理依情予以圓滿解決。

傅校長答：

凡是本校校產，本人絕對依法律辦理，其是校產者必不能放，其非校產者亦決不爭，此事見「概況」，至于去職人員及外人強佔以及頂出者，必請主管機關從嚴辦理，貴參議員所詢，既見「概況」中四、五兩項，此外僅是法律問題耳。

劉潤才問：

臺灣大學對于本年度招考新生，其方針如何？

傅校長答：

關於本校招考學生有下列四點方針：一、考試題目絕對
嚴密，不使外泄。二、閱卷絕對認真公平。三、錄取標準：
完全照成績決定，不受任何請托。四、優待辦法，曾經本人
提出招生委員會討論，原則已通過，惟辦法仍將詳商，最後
決定，至為公允，至招生委員，為免流弊，決不公布名單，
總之本人接長臺大，當盡棉力，以期成為第一流大學校，希
各位多多指教。

四、「自由與組織」
──傅斯年來臺後的首次公開演講

(《民聲日報》38 年 12 月 27 日)

傅斯年先生到臺灣就任臺大校長後的第一次公開演講是民國
38 年 12 月 25 日上午，在臺北市中山堂所講的「自由與組織」，說
明蘇俄侵略者必滅亡。臺中《臺灣民聲日報》於 27 日頭版報導其
內容大要：

國立臺灣大學校長傅斯年博士，廿五日在臺北市中山堂
作歷時一時半的公開演講「自由與組織」，說明侵略者終必
滅亡，這是傅氏來臺的第一次公開演講，聽眾五百餘人。傅
氏首從社會上對自由意義的誤會說起，繼稱組織就是力量，

而後引申歐洲中世紀到十九世紀前後期的哲學家約翰洛克
到法國的盧騷等產生的自由思想，來說明自由與組織的本
質。傅氏說：自由是緊緊聯繫著法律觀念的，而組織也是具
有一定的意志和主義為號召才有力量的，亦即是談自由，不
是在法律範圍之外，組織更不是三五成群的烏合。傅氏繼以
自由主義與社會主義是相合而不是對立的，歷史觀點說明蘇
聯的社會主義，祇是野心家把自由思想竊据為工具，利用人
類心的弱點，以變質的組織力量和工人為對象，先完成社會
革命的國家。他說：這正如法蘭西大革命前導的自由思想，
到後來被誤會了，而終於革出一個拿破倫來一樣，俄國也革
命出一個專橫的史達林，而史達林的不開明，更不如拿破
倫，史達林祇是以社會主義之名脫離了自由思想，而行其真
正純粹的帝國主義。

　　傅氏舉出：（一）社會主義者最初都以德謨克拉西『民
主』為原則，蘇聯則沒有。（二）蘇聯罵美國為個人獨佔的
資本主義，而自己却在實行極端的國家獨佔的資本主義。
（三）美國工人有罷工自由、而蘇聯則沒有，並且說人家以
工作時間作勞力價值的標準，而蘇聯則以多數資本家皆不敢
做的，勞工英雄的手段條件計資，極端的剝削勞力。

　　最後傅氏以經濟平等，政治自由和思想主義的組織力量
的號召，表示渠雖非國民黨黨員，却認為孫中山先生為中國
最大的思想家，他的三民主義之偉大，即在能平衡發展民
族，民生，民權的自由主義傳統觀念，對蘇聯帝國主義者支
配慾望的無窮止和數百年來一直侵吞我國領土，並指使毛匪
走狗欲以共產國際的力量來奴役我國人民的行為。傅氏又

說：這是歷史上的成吉思汗與宋江之流，最後他們終是要被消滅的。

按《中央日報》民國 38 年 12 月 26 日也有報導，但標題位置較不明顯。

五、臺灣大學安定如常

（《新生報》39 年 1 月 22 日）

　　辦學應鼓勵學生之合理合法活動，及樂業興趣，故學校曾於十二月廿九日在中山堂作年會，半係學生自作，半係請外間音樂專家，甚為成功，聽眾三千人以上。斯年於開演後二十分鐘許到場。直至散場，惟當場列此項節目時，若干學生之音樂劇團、訓導處恐其練習不夠，且過多，未曾排入，各生興有未盡，遂於放新年放假三日晚間均在法學院禮堂作晚會，二三兩晚為話劇，一日晚為音樂，皆由訓導處主辦。

　　一日晚會之音樂節目，因演者全係學生，聽者約五六百人，聽者大多數為學生，亦間有教職員及眷屬及外邊人，故學生表演不佳者，聽眾時常笑之。又因若干演者不熟，學生因而嬉笑，秩序不如廿九日之會，然亦無甚不了。演至第九項嘉戎酒會時，樓上有三數學生作怪聲，樓下有學生以樓上擾亂秩序，亦報以「噓噓」，還有在場之訓導處課外活動組高主任到樓上問其所以然，則彼二三人謂係演秧歌之詞，當

由主演者告以此是四川嘉戎族之歌舞,為教育部審定之舞蹈
教材與秧歌何干?彼等仍悻悻而去,晚會繼續進行。

查該學生事所指為演秧歌者,係本校體育教員所教,此
項教材係教育部在重慶時所審定,臺灣各校至今尚有演用,
本月十日左右臺灣尚有一校用之。

次日(二日)斯年聞此事,即問訓導處鄭通和先生徹查
當日情形,所有在場之教授職員學生,無論在樓下觀聽,或
在臺上服務者,均異口同聲,當日所演確為嘉戎酒會之原
詞,絕無「兄弟們姊妹們」之歌,謂所演為「兄弟們姊妹們」
之歌者,僅有當時吵鬧之三數學生。此一情形,經教員、職
員、學生、演者、各自書面證明,各方複查,並無不明之情
形。又事後聽說,當場有治安當局人在,亦可取證。

根據以上事實,則該三數生等當場之吵鬧,實為無中生
有。至於該生等在該晚同樂會中何以有此行動,校中自有傳
說,本校均未予重視,以為同學爭吵,非大不了之事也。

又次日(三日)學校發現有「六〇」之油印品,誣衊同
學,肆口謾罵,甚多學生之純服務活動,經斯年及訓導處指
導為之著,皆指為共匪。此油印件,經訓導處查明,係李玉
成、章群、劉篤高各生所為,斯年當即約其來談,切實開導,
大意謂:你們所謂反共,並不是這樣反法,如有疑問,儘可
向訓導處說,或報告治安當局,亦無不可,萬不可無中生有,
因為無中生有,反而引起大多同學之反感,即等於幫助共產
黨之宣傳,該生等旋承認「六〇」係其所為。於是斯年向之
演說約一小時,自辦學原則,反共方法,一直說到這半年來
臺大各事。中間謂你們前天鬧架,是小事,貼「六〇」是大

事,雖是大事,但只要你們明白,向訓導處寫信悔過,學校並不給開除之處分,但悔過要誠心悔過,以後還要好好用功。

三生在此次談話中又說不是嘉戎酒會中有秧歌而是下午五時後聽見的,當時訓導處一職員說,五時半尚未開門,於是又改說是在開幕前半小時,問有何人在場可以為證,則云無有。其中一人又說不是在嘉戎酒會中聽見的,而是以前「李大媽」一節是反動品。斯年又經詳查「李大媽」一節目之由來,知此歌現在在臺灣學校經常應用,民本及其他廣播電臺時常廣播,並在民本廣播電臺取來此項唱片。可見該生等言語前後顛倒,隨時改換,查後皆為無稽,而唱「兄弟們姐妹們」一節完全無有也。

總括以上事實如下:

一、此項晚會係訓導處主辦,訓導長係鄭通和先生,富有教育經驗,又為黨部中央委員,謂經其主持之中演秧歌,有常理者誰信之?

二、當時在場之人有數百,然除此數生外,均證明無此事,且聞有治安機關人員在內,豈可掩蓋者?

三、即使匪諜活動,亦只能地下活動,斷不至此時在數百人前作表演秧歌之蠢事,致立落法網。

四、此數生前後所說,大不相同。初謂「嘉戎酒會」、繼謂開幕前、最後又謂「李大媽」、皆與事實不合。

又查此數生不特在校內貼「六〇」之油印品,並在校外間某報投稿,向某處流亡學生鼓動(皆係該生等向訓導處職員所言)。且有有力者處到宣傳。明知此事主力在校外,並

不簡單，然本校從教育立場言，亦但望其能感悟悔過，以後不無事生事而已。

不意該生等於斯年開導後之一日，只送一短信來，不特無悔過之誠，且反推翻前一日所承認者，更有其中之一人來，謂有別人承認此事，可以出頭，但須學校保證不處分云云。本校當然不理此等說法。同時，校外謠言四起，影響同人之心緒，推究之，幾皆來自一源。事又過十日，該生只有二人送來悔過書，其李玉成一人，平日儼然以特殊階級自命，辦有星火半月刊，向訓導處請求補助，而出版後幾乎每期生事。今事件鬧得如此大，不特不悔過，反對同學作各種怪說。若匿而不聞，學校紀律將掃地以盡，學校將從此多事，去年春假以後整頓之成果亦將不復存在。

本校為此開會兩次，認為主動原在校外，李玉成不應被人利用始終不悟，為維持學校之綱紀，遂將該生開除學籍，其他二人暫觀後效。

該開除學生李玉成之信，登在某報者，滿篇胡言，我不能在學校立場與之辯諭，但將事之原委向社會說明而已。

至某報之有社論，早在意料之中，與其一向之態度一貫，故不值一辯，惟中有一段云：「在臺大刊登啟事之同日（一月十二日），本市各報刊登了一則槍決匪諜區嚴華、楊毅受匪要陳文彬主使，在臺採取情報，吸收黨員，並指揮臺大學生秘密活動，企圖策動讓大學生自治會，擴大學潮，造成叛亂行為（聞此案中有臺大二人因共匪嫌疑被捕，現尚羈押中）。這消息對臺大啟事中所云：『本校自暑假來一切安定，學生用功求學，絕未發現共匪宣傳之片紙隻字』不啻

是一個很大的諷刺。而這件臺大有關的匪諜案子，偏偏又是發生在暑假以後。」

　　茲經向主管當局查明：區楊一案，區為某人之小妻，楊為某聯誼會秘書，均與臺大無涉，鼓動臺大學生會，乃兩年前事，所供臺大學生數人，上學年已離校，總之此案與臺大無關。云云。此與本校所說「本校自暑假來，一切安定，學生用功求學，絕未發現共匪宣傳之片紙隻字」並無不合。

　　以後所有讕言概不置答。

傅斯年　一月二十一日

此文亦見《國立臺灣大學校刊》第 55 期，另有致編輯之函如下：

編輯先生：

　　近日校外人指使校內三數學生鬧事，誣本校「元旦扭秧歌」一節，本月廿日某報載有開除之學生一信，並加社論。斯年因某報半年來攻擊斯年屢出不窮。此事本力為一貫之作，故不必去函聲明。特將事實經過寫成一文，敬乞貴報惠為刊登，報與報之間有其友誼，惟此係公事，文中一切責任在斯年，不在貴報也。一切至荷。專此敬頌

撰祺！

傅斯年敬啟
一月廿一日

由於《國立臺灣大學校刊》第 54 及 55 期錯字很多，引起外界藉機攻擊臺大，造成困擾。傅校長特令文書組在校刊第 56 期刊登「校勘記」，且親撰按語如下。

按：此次誤抄誤校，本無關事實：而掃蕩報以為言，殊為可笑。李之開除在第八十二次行政會議已原則決定，未付記錄。十六日第八十三次行政會議本決定兩項，一為處分李等，二為防止將來之三條辦法。此一事之程序，處分李等在前，三條辦法在後，開除李之決議及布告中無一字涉及三條辦法，足徵掃蕩報之無理取鬧也。

惟本校抄寫每每錯誤，佈告誤字此非第一次，校刊校對，亦待改進，均應由主管若特別注意，至要。

傅斯年　二月三日

六、傅斯年評中共和蘇聯簽訂條約事

（《中央日報》民國 39 年 2 月 16 日報導）

民國 39 年 2 月大陸的政府與蘇聯簽訂條約，傅斯年校長曾有評語，經記者轉述如下：

「我剛才祇匆匆忙忙地把條約內容看了一遍，我的感想大致如下：第一點，也許和許多人不一樣，我不相信毛澤東和蘇聯之間真有磨擦，毛澤東滯莫斯科兩個月，絕非在磋商這個條約，兩小時內就可以訂好了，無須兩個月，毛澤東留蘇期

間一定和蘇聯一條條談判其他問題，這些東西絕不會外洩的；而今日所公佈的條約不過是蘇聯和共黨用來欺騙中國人民和國際的宣傳品而已。第二點，同盟條約又要標榜防範日本，事實上，誰也知道防日就是防美。在蘇聯與美作戰時共黨一定會無條件幫助蘇聯的，因條約中的規定蘇毛兩方，不許再和第三國締約。第三點，毛澤東一向跟著蘇聯走，是蘇聯的傀儡，所以毛蘇間真正的密約內容一定比汪精衛當年對日密約還要苛刻的多。」

七、臺大醫院與死去患者家屬糾紛之事後說明

（《中央日報》民國 39 年 4 月 9 日報導）

關於財政部職員苑振鵬君死去後與臺灣大學附設醫院所發生之糾紛一事，現已解決。死者之妻撤回對臺大醫院之訴狀，臺大醫院亦取銷對萬必軒等人之訴。臺大傅校長並發表談話如下：

「（一）苑振鵬先生之去世，無論本校附設醫院有無責任，我們總寄死者及其家屬以最大之同情。在三月二十七日我一聽說這事，即往本校附設醫院兩次調查。查死者前來診治四次，一次在門診時間，三次在門診時間外，後來醫院所發表之診斷書等件，我曾根據着仔細各方調查。病症診斷一項，必須由內行人根據科學事實判斷，此外各事我所查之結

果，與附設醫院所發表之文件，事實符合。苑君之夫人在報上見此診斷書後，便決定撤回控訴。

（二）萬必軒君來一信云：『孟公校長道席：故同事苑振鵬君前於上月二十七日病故貴校附設醫院，當時必軒篤於舟誼，感情所驅，致生爭執。事後追思，實深歉然。用謹函陳，至祈鑒諒，並懇轉致下忱為禱，專肅，敬請道安。萬必軒敬上。四月七日』云云。查本校附設醫院若干醫師對二十七日午後之事所以重視者，因醫師在執行醫務或公務時期中，有罪固不能免罪，無罪亦須得合法保障，故將當時經過，登報聲明。醫師陳秋水君為人掌擊，我對之深覺不安，今萬君既來此信，故亦勸其取消法院之控訴。

（三）本校決無偏袒本校醫院服務人員之理，而致顛倒事實，同時亦希望社會各方人士就事論事，頭緒不清，則是非自見。近人每將一事之事內事外，有關無關，混為一團，轉與事實無補，不如就一事論一事，而圖進步，我之態度如此。」

八、傅斯年在中央警校演講「提高警覺性」

（《公論報》39 年 5 月 14 日報導）

傅斯年校長於民國 39 年 5 月 13 日上午，在中央警官學校演講，強調提高警覺性，防止共黨特務活動，翌日《公論報》有報導：

〔本報訊〕臺大校長傅斯年十三日上午九時，應中央警校邀
請，對警校全體官生講演「提高警覺性」。略謂：諸位同學
都是調訓的現在警官，在警界服務都是經驗豐富的。對于共
黨活動，也很熟識。共產黨是「每共必特」，牠的特工組織
不僅是偵察別的人，連牠自己的黨員，也相互偵察。所以牠
常常喊提高警覺性，牠是新奇古怪，無孔不入，口是心非，
起源於地下工作的集團。我們對付牠也要時時提高警覺性，
否則就要上牠的當。我現在把共產黨的行動從淺近處，加以
解說：第一點，共產黨的工作，是怪誕詭詐的，牠自己說是
科學化的，其實並說不上科學，推源牠的背景是起源地下工
作。牠們的組織均係採取縱的控制，除領袖外，下邊的人，
彼此都不相認識。所以一處被破獲，不會影響到全局。第二
點，共產黨對于人的掩護，也很巧妙。牠的諜報工作，不在
無產階級去做，寓門找第二種人，如沙皇宮中的要人，貴族
們的太太，和軍隊中的重要軍官，使對方不易發現，然後牠
的工作，才能成功。在一千八百七十幾年的時候，俄國的恐
怖黨在列寧格勒，在莫斯科的恐怖份子，住在高樓上，把窗
戶打開，放一本書或一枝花作為暗號，一有變化，全體立即
隱藏。亞力山大第二的被殺，就是宮中要人們所為，最近在
臺灣破獲的間諜案子，也是這樣作法。但這方法不是中共所
發明，是從俄國學來的。還有一點，就是俄國沙皇的特務組
織，也時常與敵黨相互闘法，沙皇的特務滲透革命為理，藉
供給情報，也探取情報。革命黨亦以滲透方法，使入沙皇特
務組織，那時俄國不僅對內如此，即在國際間，亦採取此種

策略，所以滲透技巧，也不是共黨的特別發現，是俄國政府與幾個從前無政府主義黨所用的老法子。所以俄國從古以來，即時時在提高警覺性，共產黨學習後，並加以充實而已。

九、傅斯年評論杜魯門聲明

（《中央日報》民國 39 年 6 月 29 日第 2 版）

〔中央社訊〕臺灣大學校長傅斯年，廿八日評論杜魯門總統的聲明時，認為：「這個聲明中的新遠東政策，表示出麥克阿瑟和美國國防部的主張之勝利，但在此聲明中有一個尾巴，這個尾巴則必是由國務院加上的。」傅氏在他的書房中接見記者時，不願說明杜魯門聲明中的那一句話係他所指的「尾巴」。他接著說：「美國在其過去維持很久的舊遠東政策慘敗之後，為今後的美國利益，和為政治家的作風著想，負責的艾奇遜國務卿，現在似乎應該考慮辭掉職務。」

傅斯年說：「杜魯門的聲明對於中國在聯合國的地位很有利，因為在前幾天，中國在聯合國的地位，不能說一點危險沒有，而這一次安全理事會的迅速，強有力的決議，正因為蘇聯代表沒有在場，假使蘇聯代表在場的話，會議便一定會拖延幾天，而且蘇聯最後還一定會再運用一次否決權。所以，聯合國要想成就任何事必須蘇聯不在內。一個蘇聯在內，尚且使得聯合國整個麻痺，若再加上一個保有否決權的

中共偽政權在內，豈不更是麻痺？經過這次安理會的考驗，
聯合國會員國應該已能瞭解蘇聯不在聯合國內是很好的，中
共政權不在聯合國內實是更好。」

　　傅斯年談到聯合國秘書長賴伊時說：「實際上這幾年
來，賴伊都是替蘇聯作傀儡，因而聯合國秘書處向職員中的
親共份子，佔了很大部份，要想聯合國有其作用，像這次應
付韓國問題所發揮的作用一樣，就必須清除秘書處的所有親
共份子，不只是賴伊一人。」

十、校長布告

　　　　（《國立臺灣大學校刊》第 76 期，39 年 7 月 10 日）

民國 39 年 7 月 4 日　卅九午友校秘字第一〇二三三號布告云：

　　近日國家民族對賣國殃民之共產黨作殊死戰，在臺灣之教育
界，生活艱苦，努力奮鬥，皆為民族及個人之自由。本校既
為國家設置之機關，即應遵從法令，執行正義，以驅除此項
極權主義之敗類。本校風氣，年來進步不少，甚可樂觀，然
難免尚有少數共匪份子混跡其間，雖不在校內活動，而在校
外活動，偶然發現，實屬萬分可恨。為此提請全校師生員工
一體注意，如在校內見有匪諜行為之人，或知其以前參加共
產黨組織者，應立即直接報告校長，以資查明。如確有實據，

當即將資料送保安司令部。斯年在校一年以上,諸同人同學必知斯年辦理此事,決不魯莽,以致誣陷任何人為匪諜,亦決不能放任任何匪諜在校內自由。職員及諸生中如自覺以前行為可資人之懷疑者,亦應立向校長陳明,當查明事實,轉請保安司令部予以寬恕。經此布告之後:如仍有匪諜潛伏,則本校不特不能于以任何寬恕,更必請保安司令部加重處分。務請注意為要。

十一,致陳誠函

(民國 39 年 7 月 8 日致行政院陳院長函之主要部分,載民國 94 年國史館出版《陳誠先生回憶錄──建設臺灣(上)》頁 449-452。)

　　……關於調整公職待遇辦法一事,昨承枉顧,弟已略述梗概,茲詳陳之。在談此事之前,有幾項前提,應先說明:

一、弟一如雪艇兄等以為今日中國之命運繫於吾兄者大,故亟望兄之成功,而不願見其失敗。此辦法公布後,兩日之間,公務人員人心浮動,弟係薪水階級,每日接觸皆薪水階級之人,故知之深切。

二、弟一向主張軍人生活提高,文武一致,原是當然。然文職數少而武職數多,故如減文職之薪水以就武職之薪水,而此時文職人員又恰在生活掙扎線上,恐非適宜。且武職多集體生活,如表面平等,事實上可能武職較優也。

近數年來官兵生活懸殊，故為軍事失利之最大原因。文職下層生活困苦，故精神渙散，綱紀不振。吾兄去年在臺灣省政府之政績，正因安定物價、改善待遇，今日以物價比待遇，已遠不如兄在省府任中，奈何今日又大量減削之哉？

三、看來辦理此事，實有下列幾項毛病。

(一) 兄憑一種理想（即所謂普通配給制），而執行者未曾研究實際情形，執行者並未加以細密的檢討，以減薪為加薪，以不合生活之配給為配給。而倪副秘書長之談話，實與去年國防部之發言人相等，即適言其反也，此與吾兄一向之誠實直率作風大相逕庭。今日所遇到人皆批評陳主計長之草率，其專評主計長者。以兄遺愛猶在也。故弟看來此事必須迅速再加檢討。

(二) 辦理此事，似與臺灣省政府中間彼此有所誤會。弟昨聞吾兄言，吳國禎兄以為比臺灣省原有待遇高，係指原案有福利費而言，今既去福利費，當然比臺灣省現行制低。弟今日又遇任廳長，問他所謂福利費到底是多少？他說四十元。我說，就加上這四十元還是比現行制低。大約臺灣省計算時，將實物折價太高，又將福利費四十元計算在內。但今日則主席、廳長絕對承認比現行制低得多矣。

以下說本文。

一、現在臺大會計主任將新公布之待遇及臺灣省本月份現有之待遇列為三表，即所有一切人員無不減低，其減低

之比例，最少者為百分之七，最多者為百分之三十三。此項計算係將實物配給折價計入，所折之價係現在之市價，所定之品係用在四川時所配給物資之品。今日配給固可明言品高，但等到辦出來，一定還是重慶那一套。故臺大此項計算法相當正確。

二、前項之計算尚未將職務加給列入，如將職務加給列入，則新標準之職務加給遠比臺灣舊職務加給為低，故減少之比例更大。

三、所謂配給，今日與重慶不同：因當時在重慶用錢可隨便印票子，而物資缺乏：今日缺少者在錢，而不在物資。又如配給之方法，以英國為最完善，然亦係委託商家為之，發給配給者以購買券，仍憑其在範圍內自由選擇。今日之規定為米、煤、油、鹽、制服五項，與文職公教人員生活不甚相符。在軍隊可用者，未必能在文職公教人員可用，茲詳細說明：

米：照新標準，米之供給量極大，在文職公教人員並吃不了，結果以便宜之價錢轉售商人，此為弟一年來所見之事實，個人、國家均蒙損失。軍隊生活係集體生活，公教人員生活係單家生活，此為不同之重點。

煤：煤在普通公教人員完全無用。因配煤每人只五十斤，一家四口則二百斤，如須維持一煤灶，尚不足用。今日公教人員之生活，小家用木炭，大家用柴，因可隨時生火隨時熄火，煤灶則不能。若單身人之煤，則五十斤尚須雇一輛三輪車拉運，其費用更

大。總而言之，公教人員除少數公共包伙食外，均不需煤，以用煤之費用更大。

油：此為五項中最合理者。但標準難定，有為商人乘機取利之可能。

鹽：臺灣最不缺此。與抗戰時鄂、黔大不同，此項絕不需要，遠不如肥皂等物需要。

衣：今日公教人員已談不到衣。只是夏天做個襯衫，並為小孩添補添補而已。即以弟而論，到臺灣來未做一衣，夏季襯衫則伯羽、大綱諸人之賜也。若有小孩，問題在小孩之衣，而不在本身之衣：即在小孩，鞋子比衣尤重要。

故弟可以一句話說完，此項配給辦法，在今日軍隊或可用，在今日公教人員身上，政府浪費多而個人效用小。

四、所有因新標準而收入降低之事實，列為一表，並加說明，附呈吾兄，至懇仔細一看。

五、弟今日為公為私，至懇吾兄者如下：

(一) 此時政府對此事暫不必再發言論。

(二) 八月份可因配給機構尚未完成暫緩施行。

(三) 立即重新研究此問題，並約幾位完全靠薪水為一家生活之人士參加討論。如承不棄，弟願參加。

最後聲明：

一、弟以為今日吾兄施政之成敗，繫於國家之安危，故弟為公為私，盡其所知，至乞吾兄將此信反覆看幾遍。有暇電示，當即趨前面陳。感激曷勝！

二、兄謂低級待遇高,高級待遇較差,然低級調整後之待遇
　　亦比以前降低不少。

三、臺灣工人待遇甚薄,但因舊制家眷有配糧,故尚有人作
　　工。如照新制,更無人作工。

　　兄一向對下級職員、勞工大眾同情,弟亦然。然今日所
定辦法如此,足徵辦事者未曾細體吾兄之意也。……(附表
從略)

十二、韓戰座談會發言

(《中央日報》39 年 7 月 14 日)

中央日報於民國 39 年 7 月 12 日主辦韓戰座談會,14 日刊出
紀錄。傅斯年的發言如下:

為何蘇俄在此局此地發動戰爭,關於此一問題,依我個人看
法,在武力上說:蘇俄可於最短時間,以最小之代價造成吞
併南韓之事實。從外交形勢上看,賴伊、艾德禮、尼赫魯這
一群糊塗蟲,不明共產黨之嚴重性,一味侈談綏靖,無異替
共產黨造機會。這一次北韓攻擊南韓,蘇俄原以為戰事發生
後,美國定然束手無策,殊不知史達林只將美國國務院內人
士的心理揣透了,但卻沒有猜中杜魯門總統的心理,因此不
免在南韓遭遇堅強的抵抗。說到南北韓戰爭會不會演變成世
界第三次大戰的問題,依我看,離世界第三次大戰還有很多

的距離。共產黨能屈能伸，如果認為大戰發生對他們無大利益，縱然暫時喪失一點土地，亦絕不會發動戰爭。這也就是共產黨可怕之處。同時目前蘇俄仍可以充分利用夢想「和平」的賴伊、艾德禮、尼赫魯這一群人，以及利用美國國務院倉皇失措的心理，以轉彎抹角陷害美國。凡以為世界第三次大戰即可爆發者，請注意下列事項：第一、蘇俄現在尚未準備好，絕不會冒險發動大戰。第二、蘇俄自己可以躲在幕後，而犧牲中共、日共在南韓及其他地區使美國頭痛。第三、蘇俄是一個最善於利用各國間的矛盾而居中圖利的國家。蘇俄握有以上幾張王牌，故無須大動干戈，尤其在對勝利無絕對把握之時。處於當前之國際局勢中，我們唯一的對策，還是自己趕快加緊對軍事上及政治上之改進，在臺人士必須人人抱必死之心，為反共抗俄工作而効命。千萬不要老在幻想世界大戰，一天到晚坐著等世界大戰發生，此不僅消沉吾人奮鬥之意志，並且足以貽笑於友邦。

十三、傅校長召集臺大各單位組主任及股長談話內容之報導

（《國立臺灣大學校刊》第 78 期，39 年 7 月 24 日）

諸位同事：

我們全校職員均應自己檢討一下，今天在座諸君中自然多數是好的，然也有幾位負有行政過失，更應自己檢討。散

會之後：並請嚴誠所屬職員，徹底檢討。

我以前知道臺灣大學行政方面很不好，但並未料到糟到如此程度。譬如今年春天熱帶醫學研究所欲以不夠標準的血清出售，幸事前加以防止，另商吳主席自日本購到一批應急，否則這種不合標準的血清出現市上，用以注射病人，果然出事，則本校全體人員將均成為社會上之罪人。此外，熱帶醫學研究所尚有其他舞弊情事，亦經先後查出。惟斯年深悔當時處理得太輕，而未把舞弊的人送到法院去。後來黃文教授繼任所長，大加整頓，壞的職員淘汰了不少，熱帶醫學研究所才步上軌道。

又如醫學院主辦出納人員江金川，因賭博虧空公款二萬元一事，在學校方面，並不知醫學院有此項存款，由此乃知醫學院對於機關中一般之記帳方式，根本並未採用。此事江金川固有其應得之罪，然則醫學院主辦會計人員及總務主任所司何事？

至于楊如萍周哲夫合謀盜竊本校保管之儀器一事，楊如萍遠自去年在基隆啟運時即偷起，以後存入醫學院倉庫後繼續偷竊，一切上級主管人員，每日作的何事？真正顢頇胡塗之至。醫學院辦事人知而不說，校警見而不管，均屬奇怪。此案現正徹底追究，凡認為校內有嫌疑者，應一律逮捕，校外亦然，必依法律辦理，盡法懲治。

為整頓總務處，總務長業經更換，以長于治內之黃仲圖先生繼任。

我認為本校各部門均有徹底整理之必要。我現在鄭重向諸君聲明三點：

假如今後發現有作弊者，事件無論大小，一律送法院，絕不以免職為止。

本校現正清理各部門，在清理期間，只可由學校免職，不准自行辭職。

如自覺今日或以前有作弊情形，而悔悟者，可向校長陳明，當以自首論，而盡量開脫。

以上三點。決非假定本校全體職員均係罪犯，但從過去發見的種種事情，證明本校各部門有徹底清理之必要，故有此種聲明。

還有，中國人有一種習慣，就是喜歡講別人的好話，這種習慣在本校也未例外。譬如所屬的職員有了過失，一力替他遮瞞。這種事前失察，事後又說好話的辦法，最要不得，實在犯法。希望今後各部門主管人有知必說，否則在法律上亦屬有罪。

我想今天在座諸君，除掉少數幾位絕對無能之外，其餘都是努力的。可是以前的風氣太壞了，非徹底清理不可，在清理的過程中，必須澈查。

諸君工作辛苦，待遇微薄，我都知道，我當盡最大之努力。希望諸君認真作事，有知必說，在三個月之內將將本校積弊，一一查出，六個月之內達到弊絕風清的理想。

我今天所要說的話如此，或者覺我說得過火，但我深悔這些話對大家說得過遲。

最後一句話我要在三至六個月之中，清算臺灣大學中一切敗類！

十四、傅斯年對臺大發生鉅大盜竊案之報告

(39 年 7 月 26 日《中央日報》)

民國 39 年 7 月臺大保管股長串通其他職員和校警盜走四十多箱教育部託臺大保管，戰後聯合國援助中國的科學儀器，販賣給私人。經查獲後，贓物已追回大部分，唯因原清單留在南京未攜來臺灣故各箱內究為何物，無法查明，

傅斯年校長對此極為重視，除將該案經過情形報告總統及行政院陳院長、教育部程部長、省政府吳主席外，並私函保安司令部彭孟緝副司令、刑警總隊劉戈青總隊長，請嚴辦有關人犯。傅氏於致陳院長私函中，曾呈述三點意見，以示除惡務盡之決心；（一）由於綫索或時機，清除臺大殘餘敗類，對人事及制度上作進一步之改革；（二）該案偵訊至相當階段公諸社會，使省內各機關類此之殘餘不良分子有所警惕；（三）使一切有關貪污或地痞流氓一類份子知所斂迹，間接幫助社會上安定。記者昨日訪傅氏時，傅氏亦向記者說：他準備請刑警總隊預備五間空屋，以容納不法之徒，不管外界人士之毀譽如何，決心徹底整頓臺大。

按傅先生給陳誠院長的私函，不載於 2011 年中研院史語所編《傅斯年遺札》，尚有待查詢。

傅斯年對臺大發生鉅大盜竊案之報告全文

民國 39 年 7 月臺大發生教育部撥用儀器藥品為保管職員與駐校警察監守自盜一案，上文據《中央日報》已有簡要之敘述。7 月 26 日《公論報》有傅斯年校長發表破案之報告全文。《國立臺灣大學校刊》第 79 期（39 年 7 月 31 日）修正之初步報告如下文。

　　臺大保管組股長楊如萍，駐衛警察隊長周哲夫，合謀盜竊教育部存臺大大批儀器藥品一事之經過，簡述如下。

一，教育部存品之來源

　　我前年十二月被任為臺大校長時，朱騮先先生猶在教育部任內，謂教育部存滬各校儀器未分運者有二、三千箱，連同分給教育部之日本賠償物資，一併運來臺大，當時商定其屬於淪陷區（東北及華北）各校者，由臺大使用，其他西南西北兩廣等地，則寄存臺大，另由教育部分配。數日後，朱部長去職，新任梅月涵先生不到任，中有二星期無部長，此時教育部主管司將數目縮小，僅將北方各校存件運臺大，由臺大使用，其餘另由教育部先運廣州（未知此事辦否）。唐司長及賀司長均告我云，教育部在滬之辦事員童君不太可靠，故我託招商局徐總經理學禹搶運，但箱子原由童君保管，故上船以前，仍由童君辦理，其第一批箱子係於去年一月二十日我到任前到基隆，以後續到，直至我到任後約若干日。以上為三十七年十二月至次年三月之事。

　　當時教育部所開之單，並非原始清單，其單上之數目為一二二七箱，在基隆實收多出九十八箱，無案可查。因非原始清單，無法按箱子開檢。

　　當時我到任時，僅有總務長一人係新人，保管事務兩組皆舊人，事務保管兩組主任原係由講師張燦堂兼任，張君即派楊如萍辦理此事，楊如萍自基隆返來，告總務長云：箱子頗有破損。我立派總務長及事務主任往基隆查看，並囑以：（一）將所有之倉庫加封。（二）派人在倉庫多看守。返後，總務長告我云，此兩事皆做不到。因當時基隆碼頭擁擠不堪，此批箱子與其他遷臺物資混合存放，故已託當地警察及倉庫人員監守云云。學校經商量後，即電教育部迅派原運人員來臺，共同檢收，以明責任。教育部所派人若干日不來臺，後由教育部請教育廳一人會同清點，遂將箱子運來分存本校部及醫學院，故以後開箱點查之若干本校教授及教育部派員以為殘損及空箱，其來源可能在上海，在路上，亦可在基隆碼頭，未曾慮及本校所派之人亦有分也。

二，開箱檢查經過

　　截至本年五月底，僅有七十七箱左右未開，已開箱中，發見空箱四十七，並另有不像原裝者若干，所餘之箱皆大件，一時搬動不易仍存醫學院原庫，今知此項空箱，一部分為楊如萍所掉換，而未開之七十七箱中彼運出十九箱。其在基隆運臺北時，又有二十二箱未運學校，而私人存入彰化銀行倉庫（楊在刑警供詞）。

三，總務處組織

　　臺大範圍之大，國內大學所無，總務處人員除總務長及最近方添換幾個新人以外，皆係舊人，我初來時之安定，一部分由於此，而楊周二人之屢次盜竊，亦由於此。

四，事件之發見

六月二十四日，學校因查報紙五令失竊，查到此倉庫，一校警云：星期天楊如萍曾進來過，並運走三箱，查此項箱子，非經教務長同意，不能提運，顯係有弊，故立將楊如萍扣押，送刑警總隊。次晨，我經現場，見其情形，深覺除非校警與之合作，箱子斷無可以自行搬出之理，適是日駐衛警察隊長周哲夫又不來，我遂疑其有問題，派人追踪其行踪。兩日後知彼素與楊如萍友好，其所去之多處，連楊如萍友人之家，且兩處由刑警總隊根據學校報告，偵出係窩藏楊如萍之贓物者，是周與楊通謀已至明顯，故又將周哲夫繳械押刑警隊。又次日將周哲夫之助手，即與周共同住窩藏處所之校警吳竟輝扣押，交刑警總隊。

五，刑警總隊辦理此事之經過

此事校內主要犯人皆由學校偵出，押送刑警總隊，校外之嫌疑人及與楊如萍友好之人少數由學校報告，大多數由刑警總隊偵出，聞前後共捕傳二十六人，刑警總隊辦理此事，至為努力，兩週偵出極多線索，並取得大批贓物。現在估計贓物取還者，以數量論已過半，以價值論已過三分之二或達百分之八十，內貴重之機器，易于追索也。然學校損失，當可在美金萬元以上。

六，此事牽涉之廣

連日偵出甚多線索，甚多關係，包括某機關雇用之張某（楊周贓物最大窩主）若干，所謂官長，所謂紳士及公務員及臺北著名流氓頭，一齊活動。看來此項大規模之盜竊，與

地下錢莊、不正當之特種酒家及招致妓女之旅館多有關係。總之，皆是流氓組織也。

七，對此事之看法

此事未能儘早發現，在學校之辦事人有其應得之咎，然趁此機會將楊周及外間合謀之人嚴加懲治，亦可對于肅清機關肅清社會上不無裨益，故我自始即擬好三項主張。（一）儘量收集在臺大參與或知情之人犯之證據，（二）儘量收集在社會上參與或知情人犯之證據，（三）將各項人犯依照懲治貪污條例盡法懲治，詳予公布，以儆敗類。一月以來呈教育部文，呈總統文，函刑警總隊，函省府、保安部，均如此申明，並在私函中陳之于行政院陳院長。

年餘以來，中央遷臺物資出事者不可勝數，似乎每每不了了之，此事既將主犯緝獲，情節明白，應由主管機關盡最大之努力，使全部有關係人無一漏網，嚴加懲治，則學校雖有損失，社會或有裨益。

八，刑警總隊辦理此事

刑警總隊辦理此事至為努力而有效，其中不少人員，多日夜專辦此事，故校外犯人之破獲及贓物之取回，至為迅速。以刑警總隊業務之多，在此事上儘先辦理，至為可感，其破贓方法，至為巧妙。我們學校已收回大量偷去之品，約值美金數萬元，最近仍每日有破獲。

至于懲治入犯，則非刑警總隊之事，此事既牽涉各等無賴之人，乃大批流氓組織，則欲貫澈肅清之目的，尚待主管者之嚴辦。

學校內，事前疏忽之人，均有其失察之責任，現在看來
約四五人，俟全案告一段落時分別處分。其事出後偵察辦理
得力之人，亦應予以獎勵。

此案正在中途，尚有情節未便發表。

傅斯年

七月廿五日

十五、省參議會駐委會議教育報告

民國39年9月9日省參議會駐委會邀臺大校長傅斯年、省教
育廳長陳雪屏列席報告。次日《公論報》和《新生報》均刊出傅校
長的報告內容，但取捨不一，並列可知臺灣大學當時的一些情況。
《公論報》之報導為：

【本報訊】省參議會駐委會九日上午九時至下午一時，
下午五時至七時，在該會會議室舉行第九次會議，出席全體
駐委林世南、郭雨新等九人，李副議長萬居主席。臺大校長
傅斯年、省教育廳長陳雪屏，應邀列席，分別報告臺大所謂
開除學生，及辦理招生獎學金、分配學生宿舍情形，及本省
各級學校學生退學，學校駐軍，入學收費各項問題。

傅校長對於外傳所謂臺大開除學生一事，曾印有詳細說
明，分發與各參議員。他並加補充說明，謂過去臺大學生上
課情形太壞，文法二院只有一半或各派代表出席，學期考試

甚至有全部零分的。學校在此種情形之下，不得不嚴格整頓。談到招生問題，傅校長說：臺大因為體念臺籍學生國文程度較差，所以每人總分都加十分，因此在原來合格者之外，臺籍學生又增加了六十四名。如此比例來說，臺籍學生報名率佔百分之四十二，錄取率却佔百分之四十六，實已優厚的多。至說學生招得太少，在臺大立場，認為今年招收八百餘人，已嫌太多。並且錄取標準也一再降低，實在只能做到這種地步。我們認為今年這種招生辦法，並不影響及中學畢業生應入大學求學者。至於宿舍問題，臺大在過去學生住宿實太凌亂，甚至廁所、試驗室中均有學生睡覺者，這些學生都是無力自找住宿的，因為現在我國的國民經濟，實足以影響到學生的求學，目前有許多學生，如不供住宿，簡直無法唸書。所以臺大當局不得不建築學生宿舍。寄宿生比例，外省籍較本省籍為多，但這是自然養成的。臺大的公費生確有千餘人，所謂公費，計有獎學金，匪區學生救濟金，和臺籍清寒學生救濟金三種，本外省公費生所得金額，相差極近。不過公費生中間絕無富家子弟，學校當局自然不敢担保。現在正想用戶稅單為根據重新調查一過，如有非清寒學生而領公費的，不但立刻取消，還要他賠償。傅校長在報告中曾一再強調說：臺大本省籍的教員佔百分之三十，職員佔百分之七十，他們與外省同事相處得異常融洽，雖然未到理想地步，但已很互相敬重了。

《新生報》首先報導臺大開除學生之說明，全文見「聯經版」《傅斯年全集》第六冊，頁 255-262。其次報導傅校長答覆參議員郭國基等之詢問，分以下四部分：

(一) 有關學生入學等，傅校長說：今年招收學生夠水準者僅三百多人，但題目也較去年困難，只好放寬標準。最初由三百人，降低水準收五百人，再降低收七百人，而至八百人，最後只錄取了八百六十四人。還有七個人是包括邊疆學生及華僑學生，山地學生也有一人，正呈教育部核辦中。因本省學生國文程度較低，所以決定本省學生每人加十分（即每科加二分）以示優待。依錄取標準各科平均數應達一六五分始可錄取，但本省籍學生每人雖加十分，亦僅有一五五分即被錄取。本次學生報名人數比率本省籍佔百分之四十二，外省籍則佔百分之五十八。本校學生人數卅四年上學期五八〇人，下學期七三三人，卅五年上學期一八八二人，下學期差不多，卅六年上學期一九八六人，下學期差不多，卅七年上學期二二六〇人，下學期本人到任，學生有二六三一人，卅八年上學期三一〇一人，下學期二九四〇人。至於公費生共有一七〇〇人，凡六十分以上至七十分之清寒學生均可申請，此外尚設有匪區來臺學生救濟金，以上所用之費均由政府撥給，而臺大本身則將所省下的經費，撥一五〇名本省籍學生公費。凡有錢的學生均不可申請。至臺大教職員以本省籍佔多數，而本省與外省同事均甚感情融洽。去年本省教員及學生有十三人保送赴美研究，僅有一個外省籍保送赴美。至對本省教員及學生特別優厚，這是自然演變成的。

(二) 有關宿舍問題，傅校長說：本人即加整理。男女生分舍而居，醫學院傳染病房樓上不做宿舍，實驗室等不可作宿舍，各宿舍

並派管理員。在學的外省與本省學生各半，不過住宿者以外省學生佔多數。

(三) 有關附屬醫院問題，傅校長說：有人批評醫學院及附屬醫院好的人材不夠，設備不夠。實在說，好的人材仍很多，改善劣習慣才是極大困難。本人就任來花三分之二的時間在改良附屬醫院研究院，實驗所，這是「天字第一號的頭痛」。要知習慣不好是原來，不是創造的，近來有進步，但距理想尚遠。例如現在規定醫生住院制度，困難尚多。

(四) 有關學生事務，傅校長說：至於所問去年四月六日學生被捕事，原因臺大是政府所辦的學校，臺大本身無治外法權，亦不應該有治外法權。在民主□□（微捲不清晰）的時代，臺大是絕不能收容共匪份子的學生。校長本身當然要負責任，凡一學生將被捕，當與治安機關聯繫，證據確鑿自應依法逮捕。關於申請公費生當希望做到的是真正貧寒子弟來享受，如有人矇混學校，任何人均可向本校檢舉。現正準備以戶稅標準作申請公費的根據。

十六、傅斯年投書

(《中央日報》39 年 9 月 29 日)

編輯先生：

　　近日臺北報紙刊載路透社香港電，胡適之先生之子思杜在香港匪徒[大公報]作文詆適之先生一事，友人頻來詢問，

我以適之先生友人之資格，就我所知，聲明如下：

適之先生有兩子，長名祖望，曾在美國某大學工科畢
業，現在曼谷經商。次子思杜，在小學時連患結核病多年，
時輕時劇，前後失學數年：故別人進大學時，彼仍在初中。
因失學之故，養成不讀書之習慣，對於求學一事，無任何興
趣，且心理上亦不無影響。然其為人，據我所知，尚屬天性
醇厚。後來適之先生在美期間，彼曾赴美就學，連轉兩個大
學，均未畢業，並於適之先生回國後，染上吃喝之習慣，遂
於三十七年夏由在美朋友送其回國。以後彼在北平家中，似
不甚愉快。然適之先生對之仍保持其一向對人之涵養；並託
毛子水先生管教。前年十二月，政府派飛機接適之先生離北
平時，通知到後，與飛機起飛僅有四五小時。思杜不及同時
南來。下次飛機，彼將胡先生夫婦常用衣服撿出三數箱帶
來；並無考證《水經注》糾紛之稿，因他於學問全然無干：
然其所寫之信，情感真摯，只是文理不通。以後住親友處，
未得開出來。我的看法，此人讀書雖不成，世事也不解，但
天性並非涼薄。匪黨[大公報]所載之文，我未見到，但路透
社原電及[香港時報]所引之原文，則絕非思杜之混混沌沌者
所能作出。如謂適之先生在美訂「商務協定」一說，「協定」
固不如共匪所詳，且不在適之先生大使任內：又如「為資本
主義開闢道路」、「無比軟弱的資產階級知識份子」、「在
他沒有回到人民的懷抱來以前，他總是人民的敵人」等類
話，純是老共產黨的語調，思杜今生是寫不出來夢想不到
的。又如「更反動的是圍剿蘇區時他高呼好人政府」，政府
在圍剿江西共匪時，思杜初小程度，還在床上臥病，由此以

看，此文一定與其他共產黨毀謗讀書人的文字一樣，是共產黨自己把文章寫好，最客氣是強迫別人簽名，更可能簽名也是代勞的。

其實共產黨這種辦法；對適之先生並不是第一次。適之先生離開北平未久，報上有輔仁大學陳垣校長一封公開信，批評適之先生，作的是外國語法的白話文，而陳校長是一位中國老先生，根本不曾作過白話文，尤其不能作外國語法的白話文，而且在這封信發出日期的前幾天，適之先生離北平前接到陳垣先生一封信，比較一下，意思完全相反，於是適之先生作了一篇考據文，證明陳垣先生的「公開信」是別人作的。那麼，何以先有陳垣，後有胡思杜，別人用他的名字而他們不聲明呢？這就是共產黨恐怖政策的實現，也是我們讀書人同共產黨不共戴天的充足理由。

那麼，為什麼在這個時候共產黨來一手呢？九月份美國 *Foreign Affairs* 有適之先生寫的這一篇批評美國對華政策的長文，這篇文在美國將是很有影響的，所以共產黨立刻報復一下。其實，中國讀書人這樣受共產黨待遇的，適之先生也不是唯一的，就我而論，他們也三次宣佈我為「戰犯」。其實這種舉動都是共產黨的自我陶醉，世人知道這一套法門的，心中是很清楚的。

總而言之，共產黨對於不作他們工具乃至於反對他們的教育界中人，必盡其誣衊之能事。[大公報]上這一文，也不過一例罷了。陳垣、胡思杜等都是在極其悲慘的命運中。因為不能出來，別人代他寫文；我們也不必責備他了！

傅斯年三十九年九月二十八日

十七、清算共產黨的「政績」

(《中央日報》39 年 10 月 1 日)

傅斯年

今年十月一日是中國共產黨在北平開張他所謂「政府」的一週年，我們可以算算他這一年的「成績」：

第一　幾千萬人在嚴重的水災旱災中饑餓死亡，他卻貫徹蘇聯的減少中國人口政策，不特救災無力，還在那裏「解放」、「鬥爭」、「清算」、「土改」。

第二　和蘇共定了一個賣身契，把中國大陸變作蘇聯的衛星，條件雖未宣佈（宣佈的是作樣子的），但就後來的行動看，天上地下（陸海空）一齊奉送之外，還把每個國民的靈魂送掉。蘇聯鬧遺傳學的清黨，中國也鬧遺傳學的清黨。當年汪精衛對日訂賣國合同，所賣的是物質的，現在毛澤東定合同，所賣的除物質以外，還有精神的，簡直要使下一代不成中國人，不成人。

第三　把蘇聯的各種敗類，引進中國來，山海關內的有四、五萬人，山海關外的更不知道數目，還有十幾萬蘇軍，新疆更是蘇聯的領土了。

第四　徹底劇除中國傳統的文化，使得個人的信仰，家庭的生活，文化的涵養，完全破壞了。其父不擾羊而要其子

192

證之。連歷史也要抹殺事實，作一奇形怪狀的演義，而名之曰「唯物史觀」。

第五　榨取一切階級人的經濟，作為他們擴張勢力之用，有飯吃的榨取到沒有飯吃；沒有飯吃的榨取到死。自古以來破壞國民經濟的，把五胡十六國，五代十國一並算起來，沒有像共產黨這樣徹底的。

淪陷在大陸的同胞們！你們這一年苦痛的經過,總知道共產黨是世界上什麼人類了，或者可說什麼畜類了。他們只是發揮他們的支配慾，偏說是「為人民服務」，他們對你們服務的怎麼樣呢？他們還說民主，你們真正民主的怎麼樣呢？有人說為民服務，是最大之努力把人民輸送到死亡線上，民主是人民之主，彷彿你為你的雞鴨之主一樣的，這倒很像了。想想這一年你們死了多少人？消滅了多少生計？破壞了多少家庭？使你們現在在怎樣的絕望的狀態中！我們抗戰九年，是為趕日本鬼子出去，現在卻把老毛子請進來，像侍候老子一樣的，想想當年，看看今天的老毛子！

共匪區中被欺騙的士兵們！你們被共匪欺騙的也算夠了！共匪答應你們的話，實行了幾件？共匪叫你們犧牲，那竟是為了誰？為的你們？為的人民？為的毛澤東？為的老毛子？看看你們隊中的老毛子，想想你們自己，實在不能再受騙了－趕快殺了老毛子反正！

現在大陸上教育界的朋友們！你們在這個困苦處境下，是我們在此處的人極其同情的。你們想，共產黨的這一套，除去為了自己的政權以外，還為的什麼？你們今天固然沒有思想的自由，並且沒有不思想的自由；共產黨叫你們這

樣想，你們敢不這樣想嗎？你們固然沒有言論的自由，但你們有不說話的自由嗎？共產黨叫你們罵你們不願罵的人，你們怎麼辦呢？你們固然沒有安全的自由，也還有不搬動的自由嗎？共產黨叫你們受訓、學習、往東北去，你們能不受訓學習往東北去嗎？我想知識階級最為苦痛，因為除去一切被共產黨剝奪之下，共產黨又特別剝奪了你們的心靈，就是實行老莊的混世哲學，一聲不響，一事不做，也要辦一個反動罪，至少弄一群啦啦隊來訪問你，使得你永遠在極度的恐怖中。原來厭惡共產黨的人，不幸陷落在共產黨區域裏，今天的觀念，當更為深刻。原來對共產黨無所謂的，今天當亦覺悟。原來以熱情加著錯誤的判斷被共產黨騙了去的，今天當覺悟了吧！

　　現在世界共產黨已經面臨絕境，你們要準備著「那一天」，不要失望，而要準備。「冬天到了，春天還能很遠嗎？」

十八、劉希聖君在醫院自殺事件之調查

（《中央日報》39 年 10 月 21 日）

傅斯年

　　臺大醫院住院病人劉希聖君，於十月十一日上午五時左右自縊身死，我初接到一位晚報記者的電話，約在同日上午十時，我即以電話詢醫院魏院長。他說：正趕著搜集有關醫師和護士等人員的報告，即將來校面報。比告以不必等候各

報告，請即來，於是魏院長持著病歷等，來詳述此事，我便在病歷等件上蓋章，以免為人說有所更改。接著我於當日下午一時赴醫院詳細查詢，有關醫護等人員均在場，問到一切經過，並察看現場，得到一個初步的印象。返校後，即囑主辦法律事件的秘書擬好稿，送醫院，請其即用此稿函請地檢處前來詳查一切。

次日，各報對此事件有不同的記載。醫院的說法，死者姪兒的說法，係有關兩造，還要從旁調查。適幾家報紙提到同房住的病人，我想倒是一條好的線索，便派總務處邵人杰秘書、文書組周天健主任兩位赴醫院訪問死者之同房病人彭形若及王棋發兩先生，說明是校長越過醫院去密查，請將實在情形告知，並表示代守秘密。不會對發言者有何不利。訪問結果，兩君均將目擊死者在生前經醫院治療經過和他的個性、經濟環境。自殺前情緒等等盡情說出，並表示不必秘密，可做成紀錄，可逕用其姓名發表，以示對自己所說的話絕對負責，他們覺得有必須為事實作證的義務。這樣態度，在今日「不多事」的社會中，自為難得，可佩。其所口述。具有兩造以外證人之有力價值。只是兩人的話，甚為詳盡。將近萬字，彭君所說尤多。除已由兩君在口述筆錄上簽名分分送刑警總隊和地檢處參考外，不再在報上多佔篇幅。現在僅就其最要之點轉引一部分如下文，如果有的報紙願意發表他們二位簽字的紀錄全文，我們異常歡迎。

甲、彭形若君口述筆錄

七月十五日院方決定將全院結核病患者集中一處，於是我遷來第一內科；才認識劉希聖君。認識後不久，感覺此人

195

性格奇妙，統括言之，則是愛自作聰明，自己所想的，總以為是世界上最對的。旁人雖善意的加以開導，彼必固執己說，初同住此房時，每次送藥來，他總要將他的一份和我們的拿來比較，更把藥份拆開來看過。說：「你們的藥是中用的，為什麼給我的都是無用的，不能吃的呢？」我們覺得他近乎可笑，對他說：「各吃各的藥，各治各的病，有什麼理由去懷疑呢？」但他不能聽信。他又說：「藥粉是『平血』用的，血有時是要平的，如果該平不平，必從上面吐出，但我很少吐血，也要用藥粉來平，豈不是硬要平到胃腸和大小便處去嗎？藥粉要不得，藥水吃下去，肚子也要炸開的！」關於他對醫生護士的抱怨，懷疑，可從幾點看得出：（一）常不肯吃藥。（二）他老說：「醫生護士都是和總務組串通了的，看見我沒有繳錢，不好好替我治，有錢是怎樣的瞧法，無錢是怎樣的瞧法！」（三）有許多懷疑或認為不平的事，好似說了一陣卻又憋着不發洩，深藏於心。

我向他解釋：「你說胃腸有毛病，醫生便注意你的胃腸，其精細程度，至少不會比對我差。我雖也不是有錢，但並未欠醫院分文，現在醫院對我的待遇與你一樣，甚至對你看得更勤一些，又是怎樣的解釋呢？」他仍不能聽信。

每打一次空氣針，他怕痛得特別厲害，像小兒一般的啼哭著。醫生走後，他就說：「針頭沒有消毒，所以痛，沒有繳錢，連針頭都不消毒了！」灌腸也覺痛的很，說，護士故意將灌腸器的頭子削得很尖，來害他。此說自不可能。有一次同樣打空氣針他特別害怕，范主治醫師便先敲敲聽聽，說今天不打了，明天透視一次再說。一面用日語向同房的王先

生說著。范走出後，劉君埋怨著說：「我並不是不打針，我不過是怕痛，他為什麼要生氣呢？」王先生說：「范醫師說你的肺可能有水，所以要先透視。」劉未置理，仍不高興。他就是這樣近乎莫明其妙地常常抱怨著醫生。

自范醫師說過劉君的肺可能有水之後，就在第二天用X光透視，下午是星期五的迴診，王文杰醫師來，對其診視時特別仔細，向其他醫生說了很多的話，星期六，廖醫師來替他作第一次的抽水。抽水後，再打空氣針，劉君堅執不肯打。醫生請其忍耐。星期一再抽水，比第一次少得多了，此後，似還抽過兩次。經過第一次的抽水，他自覺痛輕得多，抽水多次後，我沒有聽到他再有呻吟之聲，我確信他的經過情形良好，有顯著的進步。（以下尚有數千字，內多「趣聞」，文長不錄。至「醫院催繳醫藥費」一節，彭王兩君所述情形相同，另見下節所引王君的話。）

乙、王棋發君訪問筆錄

王云：因與劉先生言語不大通，故談話之機會較少。他有些古怪的脾氣，例如有一次用萬金油擦眼皮，後又以酒精浸濕棉花擦其眼上，我視為不妥，予以忠告不聽，後經護士發現，轉報醫生，醫生即給予藥水。又劉先生常以自己所領之藥與他人比較，尤其是藥粉，幾次打開比較，並批評曰：「此藥能治什麼，彼藥能治什麼？」劉先生生前性格令人感覺奇特著，尚有一二事可說，彼曾告訴我稱：「患者如果拖欠款項，醫生就會對其不好。」我曾極力辯解，謂絕無此事，劉先生又說：「對其四月以還尚未繳納之住院費，經護理通知醫生，無須認真看病。」我對其所說，誓願斷頭保證，絕

無其事，但劉先生仍始終不信。再有一次，劉先生發熱，致
尿發赤，以為是尿中帶血，護士長聽說，即交給他一個杯子
請其留尿，但劉先生不但未照指示盛尿，將此杯子貼的名籤
撕毀後，拋棄於院裏，我並未感覺醫生護士對劉先生有不好
的地方。醫生護士均對我們不錯，惟過去有極少數之年齡較
小的護士好像助理護士，因調動頻繁，較感不便，但現在並
無此現象。聽說劉先生只有一位姪子，他並不常來探病，其
年紀差不多十六七歲，至其朋友來探病，我祇看見過一次，
據說是其同事。劉先生常向我們嘆息經濟困難，不如意。約
本年八月中旬，曾告訴我：「已欠院約五六百元」關於醫藥
費，除每十天由一位小姐例行分發繳款通知書，此外看見二
次由院方派人來催繳。一次約係八月中旬，係一位較年少
者，另一次約係九月間，來的是住院處魏先生。分發通知書
之小姐，其舉動很慎重的，並未有不遜態度，亦未聞有不
繳費不給他看病之說，另外二次之催繳時亦同，劉先生自殺
以前五六天，看見他斷斷續續的寫信，比以前之態度有異，
即將紙張隨寫隨捲，又東張西望，似恐被人竊視之態。我以
劉先生為人有些奇癖，亦未曾在意。劉先生病症並不嚴重，
為何出此，實為其痛惜，住院治理肺病，需要長時間，實為
患者之常識，劉先生卻忍不下去，自尋短見，似係由其先前
之一種懷疑的性格及其經濟困難等種種心情錯雜一起，以致
自殺。

　　照上引兩位對此案有資格的發言者所說，似乎死者遺書
中所抱怨和譴責之點，在心理上都有可以解答的地方，因為

死者生前在治療過程中，即疑慮叢生，其疑慮來源又說不信醫藥，自怨窮困，誤認痛苦都是醫生或護士給他的。

我現在就調查結果分三部分說明：

一、范王兩醫師之責任　根據以上之調查，我不曾發現范王兩醫師或護士對劉君萌自殺之念有任何責任，此可取彭王兩君之言為證。死者常持「串通總務害他」，「護理部通知醫生不必認真看病」之說，以及遺書中所云各節，乃全屬無稽，實係其一貫心理作用。此外關於病歷等項，我看過的都已蓋章，或簽字。十一日下午，監察院閩臺行署派員取去，我因而不能作進一步之調查。

二、自殺不曾預防　我視察現場，從劉君所住六一三號房門至洗面室門，約四五十步。次日，醫院調查，由病人床西至自縊處為四十六公尺餘，約合臺尺一百五十三尺，東至護士紀錄室為四十六公尺半，約合臺尺一百五十五尺。洗面室在一樓轉角之外，經常除洗濯外，無人去。肺病患者在院走動，較屬尋常。是夜二時至三時，護士兩次查病房，均見劉君仍在床上（已見醫院說明）臺大醫院除夜班護士，以及開刀房急診室、產房有值夜工友外，未另設專司守夜的工人，以該院範圍之大，如設此制度，必須添二三十人。現已有數十工人係自行開支，用收入付餉，如設此制，更感困難。且即有此制，亦無法防止一切的自殺。因自殺方法極多，而醫院終不能變為模範監獄也。至於同日精神病科陳氏玉女士之圖自殺未遂，則患者原係以在外圖謀自殺入院，其眷屬將不可開之窗門打開晒衣，彼乃得尋此路跳樓。總之，臺大醫

院近日來診病者之中，因自殺受傷之例大增於前，此是整個社會問題。

三、發現自殺後未解下施救　此點我第一次在醫院調查時，至感疑惑，曾追問過助理住院醫師及兩工友。當女工范蜜發見劉君吊死時，幾乎嚇倒，乃不報告醫師或護士長，而去找其友人第三病房旁側之女工宿舍中的女工，經後者為前者壯膽，二人乃去報告助理住院醫師，此中時間可能有二十多分鐘。及住院醫師趕到，劉君四肢已冷，脈博停止，爬上去聽，呼吸也停了。我問王章秀醫師何以不解下來另想法加救？他說：「人工呼吸在落水氣絕後的人是可以的，如是上吊，則十幾分鐘已生腦部僵化，無用了。而且當時無法醫在場，可生枝節」我想，如果可以照我的方法做，恐怕麻煩更多。但我終以為發現的人報告不夠快，是缺乏訓練，但這與致死無關。

以上各點，是我在上星期六（十月十四日）以前調查所得，在星期日，又去文地檢處，送去資料。總之，這件事是是非非，我們任何一方都不必先加判斷，一切憑法律解決。我所惋惜的，是許多議論，說是訪問過死者附近或同房病人，而彭王兩君則驚異並無其事。文章是很多的，來訪的記者是很少的。

關於臺大醫院的一切，和學校對這個醫院的方針，我已經寫好一文，因須送有關單位一看，所以十幾天後才可發表。

十九、泛說國立臺灣大學

(《新生的臺灣》第 73-74 頁，39 年 10 月 25 日，
「臺灣新生報特刊」)

傅斯年

　　新生報準備在光復節出紀念特刊，要我敘說國立臺灣大學。臺大雖大，在社會上却小，然而要寫起來却也千頭萬緒。現在只能作簡單的，原則性的敘述。

　　臺大前身，為日本帝國境內幾個帝國大學之一，日本人辦這所大學。着重配合他的國策，有其特殊目的。即南進主義。當然也有他一部分在學術上的成就，和大部分幫助臺灣建設事業上的成就。

　　接收後的臺大。他承襲了日本時代的規模，算是夠大的了，但其原有設備，在日本人手裡，已因戰時遭受種種損失，和不暇兼顧而被忽略：我們接收之初，亦未注意加以清理，補救。又因中日學制的不同，還有許多設備；為原來所本無的。所以這個大學，規模雖大，常常便我們有「大而無當」之感。

　　說到設備，校外人甚至校內人有時還說「極好」，但這個估量，只是說說而已。因為設備不是可以完全從外表和數量上去估量的，應該看其是否能有用，內容是否適合我們的需要，否則自欺欺人，無裨實際。

　　自民國三十年，日本掀起世界大戰後，對臺北帝大已異常忽略，儀器可充軍用者，搬走不少，連建築用的綱線部分，也儘量拆去。於是殘破者不加修復，日就損毀。加以盟機轟炸，臺大駐兵，校舍和各種設備，多弄得殘缺不完，或生銹無用。（尤以附設醫院為甚）光復後的幾年中，沒有正視這一個問題。

　　日本學制與中國學制不同，按中國大學制度，所有一年級的課程，如普通物理、化學、動物、植物、地質、定性化學等，以及二年級一部分課程，如定量化學、有機化學等，在日本時代皆屬於或多屬於高等學校。因此，這個承襲日本制的大學，遂無本國大學一二年級應有之設備。一般參考圖書也很缺乏。又以臺北帝大把「講座制」，用到極度，並無大班教室，大實驗室。年來學生人數激增，（詳下）問題益趨嚴重。

　　我自去年一月廿日接任臺大校長後，所首先遭遇的困難，是可以想像得到的。下面列舉的幾點，便是由上述原因所產生的必然現象。

一、新近文獻之缺乏　臺大圖書館存有六十餘萬冊的圖書，不能算少。但其中日文書籍約佔一半，賸下的半數是西文書籍，德文比英文的多，至於漢文書籍，只有三五萬冊舊書，新書幾等於無有。而世界各著名學術機關或社團的期刊。和新版的書籍，則脫了十年沒有補上，這真是一個最大的困難。舊的文獻，固然很好，但如不能補上新的，則舊的作用很少。

二、儀器設備之不全　臺大雖然有許多精妙的儀器,但因前述情形,其高年級實驗及研究所用的儀器,多年失修,不是缺零件,便是生銹不能用。其比例約佔百分之八十。研究一個問題需要一套,若在這一套中缺少了一段而又為不易取得代替之物,則其他部分儘管精妙,也失其用處。於是,儀器的補充,是一椿費錢最多,頭痛最大,至今無大辦法的事,至於一年級及二年級一部分之完全無有者更不待說。

三、沒有大教室和大實驗室　日本人辦此大學時,全以研究室為單位,研究室甚多,小實驗室亦甚多,大教室和大實驗室却沒有。以文、理、農、工四學院而論,共只有講堂三十四個,有的還是後來新加的。這三十四個中,可以容納八十個人以上的,只有四個。學生用的大實驗室,根本沒有。原有化學實驗室,最大者只容三十人,也不過數個。至於一年級普通化學,定性化學,和二年級有機化學的實驗室。不消說,是沒有。我初來的半年中,都是將原有房屋加以設法改變應用。但大量改變不可能,因為房子是不能大改動的。

四、有關基本課程設備之欠缺　如前面所說,因為過去忽略了中日學制的不同,一二年級應有設備未加補充,故理學院不能上普通化學普通物理等科的實習,甚至工學院缺少畫圖的桌子,總圖書館沒有可供學生參考的用書。

五、原有房舍多年失修　臺大房舍,包括所屬單位,共在萬數千間。其中雨漏者佔三分之一以上,有白蟻者,以座

為單位，佔十分之一以上。其失修部分，如全都修復，決不可能，部分修復，已極費勁。

接收後三年中的情形，我來時所看見的大致是如此，但數年來學生人數却大大增加，無疑的，臺大隨着光復而加重了它在教育上的任務，而且，應該把教育的任務看作第一義；臺大確也在此意義下，使學生人數逐年激增，卅四年上學期是五八〇人，下學期七三三人，卅四年上學期一八八二人，下學期差不多。卅六年上學期一九八六人，下學期差不多，卅七年上學期二二六〇人，下學期二六三一人。（我於此時到任）卅八年上學期三一〇一人，下學期二九四〇人。到現在，卅九年上學期將為三千二百人左右。（現在辦理註冊）由五百餘人增加到三千餘人，約為六倍。臺大原有的設備如彼，而學生人數的擴增則如此，其困難是不必詳說的。

我們接辦這個大學，在辦法上事前沒有充分準備，事後也未盡補救，以至今日。我們還有許多最起碼問題的困難。當然，這點並不能歸咎於任何人，主要的還是光復以後，國力未充，赤禍日亟，一切建設，真去談何容易。時至現在，臺灣大學在教育上所負的責任應該更重了，它的建設，無論就接收後原狀的改良或重新做起，以及為了應配合國家當前教育的需要，都得把教育的建設放在第一。至於學術研究方面的建設，當然是一個大學所必具的條件，還有輔助臺灣生產事業和社會建設方面的建設在臺大也是一個很重要的課題。（過去的臺北帝大，為了配合日本的開發計劃。對於這方面有頗大的成就，也可說，臺北帝大的主要任務在此，並不在教育。）上面三種建設。原不能截然劃分，但如果同時

並舉，鉅細靡遺，人力物力都非所能，當然也決不可偏廢。
我們只是就目前臺大的情形加以考量，深覺首先應該著重在
教育的建設。這話並不是說，其他就可不辦。

我於去年到校後的第一次校務會議：曾大膽地提出本校
初步中心工作數項，這個中心工作，大部分可說是為了充實
一二年級的教學，加強通習科目，以發揮教育力量，打好基
礎。它的主要內容，也是先決條件。不外：（一）增設大教
室及學生實習室。（二）充實總圖書館及法醫兩學院圖書分
館，增加學生修習必需的教本和參考書。（三）儘量請富教
學經驗或有學術貢獻之教員擔任一二年級一般科目，加強學
生實習。簡單一些說，便是有課必有書籍存圖書館，可供學
生參考；有實驗必有實驗的資料和它適當的場所。同時使學
生一進到臺大，便有好的教授給他們受益。所有本國學制上
高中大學不銜接之弊，尤其是本校特有的缺憾——一二年級設
備的欠缺，便得到充分改進的機會。以上所說，不過，「卑
之無甚高論」，而實行起來，正亦未易，財力固然要緊，人
力更關重要。因為上面實包括了增建房舍，添補儀器。向國
內外搜購圖書雜誌的三件事，這三件事有待費錢自不必說。
此外：初步中心工作中，對於研究事項，先就目下財力人力
所能擔負者充實之，此較的採取重點主義。對於與建設機關
在研究和技術上的合作，量力為之。

上面這個草圖，依樣建設起來，自然還有許多相關的技
術問題。和若干步驟，那個方案的詳細內容，本是我在去年
擬就，向校務會議提出的，報紙也有披露過，我現在就這裡
把它重複的略舉其概，藉此檢討我們在一年來對此努力的情

形如何,也就是說,我們這一個初步的理想,實現了沒有,或實現了多少。

年餘以來,承臺灣省政府和當局的瞭解贊助,以及教職員諸位先生的共力合作,使本校得以漸次克服困難,走向進步之路,現在距離理想的境地雖然很遠,但前面所述幾個教育建設上的基本問題。我們已全力在萬難中設法付諸實施,雖未全部成功,也非一無成就,在這裡僅說一個大要:

關於教室部分,去年中已完成大教室三座,(十五間),小教室一幢(十一間)另修改成多間。大實驗室在本校是一個迫切的需要,但去今兩年,以限於財力,仍是對付,無法興建。預計明年可建化學實驗室十二間。至於研究室,除原有者外,去年僅加建森林系研究室一幢。(七間)

關於圖書儀器部分,自去年起,即陸續在美訂購;並託人搜購歷年來未補上的期刊,現仍在繼續辦理中。今年並專人向日本購辦了一批急用的圖書儀器。不少的儀器零件,可使若干殘損的儀器修復應用。明年希望可以如此辦理。使本校實驗和研究的工作,能達到名符其實的一個較高的分數。

關於房舍修理部分,去年到今年,雖修過二千餘間,但距離總目標還是太遠。其中以附設醫院的殘破最甚,佔了修理工程最大百分比,但尚有一部分被炸的樓房,一時沒有辦法修復。

此外,修建工程中,有一個最大項目,為前面所未及提到的,便是學生宿舍的興建。臺大學生由五百餘人增至三千多人,而接收時並沒有學生宿舍。以去年的情形來說,大多數學生是沒有家在臺北的,而且其中又多為貧乏人家的子

弟，或是臺南臺東的農家子弟，在臺北無處可住，或是家在
匪區，要求學校解決他們的住宿問題。我初到校時，看見教
室內，研究室內，乃至廁所內，都住著學生，

　於是頭痛了兩三個月，決心開始建造俗宿舍，自去年至
今年，新舊宿舍合計，包括尚未完工的，可容一千八百人，
其中有容二百三十人左右的宿舍為政府所徵用，故實際可住
者，約一千六百人。按之學生總人數比例，其消納量為二分
之一，另有一部分是不需要住讀的，有一部分是不亟需住入
的。目前總算勉可解決。

　以上所說：好像都走學校行政上的瑣碎問題，但我們可
試一設想：如果一二年級的學生不能好好地修畢通習科目，
沒有一般參考書籍，或不能做實驗工作，那麼到了三四年
級，拿什麼來做基礎？如果學生沒有教室上課，沒有宿舍寄
宿？而又收容了這麼許多人，這個大學何堪設想？所以為了
本校的教育建設。亦須首先全力解決這些最基本的現實問
題，否則侈談任何教育理想，都是空的。

　對於大一課程的加強，我們有了比較具體的方針。即儘
先充實文理兩學院及其他學院內的一般實習課程和師資，各
學院一二年級必修課程，其科目屬文理兩學院者，由文理兩
學院聘請教員，並共同議定科目之內容。為達到此目的；組
織了大一課程委員會；經常請有關教員共同討論，依照執
行，學生對課程改進有意見時，並鼓勵他們儘量向此一委員
會擔任委員的教授先生或主任委員，副主任委員隨時提出。

　至於學生課業之考查，除逐步嚴格執行考試制度，對於
大一若干科目，在期考時酌量採用合考辦法外，並着重平時

207

的缺席檢查，由教務處訂了一個方案。這不僅是看重每個同學的學業，同時也可免因少數人而影響多數人勤苦向上的心理，以至拖好學生下去。

學生生活之救濟，因臺大學生；窮困者居多；卅八學年度的公費生名額千餘人（包括獎學金及匪區學生救濟金）。本校為解決臺籍清寒學生生活，過去並在經費中撙節一筆，設立「臺灣省籍清寒學生救濟金」，工讀生的津貼也由本校設法自籌，過去維持三百個名額。

學生生活管理方面。自從臺大有了宿舍以後，在這方面加重了學校的責任不少。我們的辦法，簡單說來，一是管理，一是自治。由管理養成自治。

此外，臺大自去年至今年，辦過選送教員和畢業生出國研究一事，先後用各種方法選送過十四人，內十三人為臺籍。因感於臺籍教育人士在過去較少機會赴歐美進修，為本校培植教員。使將來可久留臺灣起見，所以使臺籍者獲得優先之機會。但這個辦法，將來要逐步改變的。

上述十四人中。包括去年薦請教育部派遣之教員三人，美國醫藥助華會去今兩年資助的教員四人，又今年洽准在美之中華教育文化基金董事會資助教員赴美研究額兩年各五人。畢業生研究額二人，故以中基會資助出國者在今年有七人，以上已出國者共計十四人。明年已定者有七人。

至於學術研究和與建設機關的技術合作，這裏也可簡單一談：

在本年中。增設的研究單位有兩個，一是文科研究所。本年暑期已開始招收研究生。一是工學院的電波研究室。刻

正致力於「中國高空電離層」等項研究，逐月有研究報告提交本省內各電信機關參考。其他原有的大小研究單位，（附在各系科）總數在百個以上。臺大的研究風氣一向不錯。教員都能在研究室實驗室認真的為獻身學術而工作。

　　與臺省建設機關作研究或技術上的合作，在去年自九月後以至年底，開始進行的，共有六起。計農學院理學院分別受中國農村復興委員會之委託研究者共四項：（一）臺灣主要農產物布貯藏及運輸中常見病蟲之防治。（二）牛馬蘇拉病之預防及治療工作。（三）濁水溪流域造林計劃。其（一）（二）兩項現已結束。（以上三項屬農學院）（四）臺灣省住血蟲病防治之研究工作。（屬理學院動物學系）又農學院與中國石油公司和漁業救濟物資處理委員會之技術或研究工作之合作各一起。在本年中本校受各生產事業機關委託各項研究問題。亦有四起，另與經濟部中央水利實驗處合組水工試驗室，已成立，現正從事其設備工作。此外尚有在進行尚未決定的幾件，最主要的是農復會補助建設公共衛生研究法及改良血清製造兩事。這些研究和技術上的合作事項，直接間接對於本省生產事業或社會建設的幫助，似都具有相當價值。當然也兼費了本校若干的人力物力不少。以後，仍然希望與有關機關取得有價值有實效的研究合作，但就本校目前的環境來說，那究竟是本校的一個大擔負，斷不能貿然為之。

　　臺大附屬有三個大的單位，便是附設醫院，熱帶醫學研究所，實驗林管理處。說一件便須一專文，現在姑且從略，我只說一句話，現在有些人不滿意，我們也不認為理想，但

在這一兩年中皆有顯著之進步，這是能將過去和現在加以比較的人，所說的客觀的話。

總之臺大範圍之廳大，國內所無，這樣一個龐大的機構，要做的事真是太多了，我們應當實事求是，一步一步的腳踏實地去做。在此，我仍只有幾句老話：進步與不進步，合理或不合理，要以事實證明，空說無益，這是全校同人和社會上贊助的人士所應當共同策勵的。

我公事太多，這一文應新生報限期之請，是託文書主任周天健先生代作的。但我看了一遍，改動了若干字，刪去了其中關於附屬機構的詳說。

二十、臺灣大學要求誤入歧途學生自首佈告

中華民國三十九年十一月十四日
國立臺灣大學佈告
卅九校秘字第一一五七九號

本校四學期以來，離校學生三百餘人，其中多數固因移家而轉學，亦有不少因省內整肅匪諜而逃避。本校之安定，與此不無關係。然以去年暑假以前情形觀之，當時共黨在校份子實不在少，肆無忌憚，經常動作。以後雖情勢大變，敗類遠颺，然亦可能有人當時為其煽惑，誤入歧途，以後雖無何動作，而亦不敢自承者。此類學生，政府鑒於其無知被誘，曾

定自首辦法、以開其自新之路，兩經宣布，眾所週知。本校最近有一學生，照此辦法自首經主管者問明情節之後，即令其回校，讀書就學如常。查去年暑假以前，各生對此問題認識不清，對共黨之勾結俄寇以賣祖國之罪行知之不詳，難免有輕易參加匪黨組織，或接近其人者。如有此事之人，務必認清政府自首辦法之用心，依照規定，辦理自首。自首之後，在校者仍在學校讀書，在職者仍在其職服務。心中如有疑惑，可向校長或訓導長當面密陳，本校保證其自首之後，政府必不予以處分。此有最近自首之某生為例。再自首辦法至本月廿五日截止，如有疑嫌，而不自首，則以後一切之事，其家長更不得向本校申請。本校諸生若偶有心懷疑慮者，其各重視此文告，立作決斷為要。

此佈

校長　傅斯年

二十一、臺大五週年校慶之感想

民國 39 年 11 月 15 日為臺灣大學五週年校慶，是日《公論報》第六版之報導如下：

〔本報訊〕十五日為國立臺灣大學校慶，…記者於十四日走訪傅斯年校長，傅校長將臺大慶祝校慶比之為「一家人過節」。他說，在這「過節」的一天，沒有甚麼特別的話好講，

祇是希望同學們的學習空氣能更濃厚。傅氏說：「祇有一句老話：希望同學更努力做一個好學生，做一個好國民」。

另欄標題為「**傅斯年談感想**」──學生研究學術空氣濃厚；臺大醫院現正著手改革：

國立臺灣大學校長傅斯年氏，於該校成立五週年校慶前夕，答覆記者詢問其感想特稱：「這一年來，臺大是否在進步中，留待社會人士作公正的批評，但有一點值得告慰社會的，是臺大學生研究學術風氣濃厚」。他說：「每到晚上，大多數學生排隊進入圖書館自修，這種向學的精神，使我感到臺大學生是在發揮教育的功能」。傅氏認為還有一件感到快慰的，是窮苦的學生在臺大，住宿問題已完全解決。他說：「臺大在困難的情況下，解決他們的住宿，是希望他們在安定中努力求學」。傅氏認為最可惱的，是臺大醫院，但他已用全力在設法改進中。他說：「臺大醫院雖然不幸發生了幾件不能使人滿意的事件，但是也有不可磨滅的好處」。傅氏現正著手改革這個醫院。他說：「臺大醫院總務長已被撤換，另調幹員充任，今後對病人入院手續程序，力求簡化，減少病人的麻煩。關於護士的服務精神，亦加強訓練，務必這個多事的臺大醫院，力求進步」。最後傅氏說出他對臺大今後的願望是：「希望學生養成敦品力學，救國救民的良好風氣，使這個在臺灣唯一的最高學府在安定中求進步。」

《新生報》同日也有相似之報導。

　　按：校長在臺灣大學四週年校慶時提出「敦品」、「力學」、「愛國」、「愛人」四點為對學生的期望（見聯經版《傅斯年全集》第六冊 226-231 頁），這次又說「敦品力學，救國救民」，故傅校長逝後臺大校務會議決定以「敦品勵學愛國愛人」為「校訓」。改「力學」為「勵學」，則不只是學生在學時須努力向學，教師也應自我激勵以追求學問進步了。

二十二、對經營「實驗林」之看法與指示

（《國立臺灣大學校刊》第 103 期，40 年 1 月 22 日）

　　民國 39 年 11 月 28 日傅校長在「實驗林」審議委員會第一次會議時所致之開會辭，是紀錄中他對校務最後的一次指示。《校刊》之報導如下。

　　　　去年七月承省政府好意——將第一模範林場撥交本大學作為實驗林，一方面供森林系師生研究試驗教學之用，另一方面林場可因獲得學術研究利益而日就發展。本人深感此事責任重大。亦有意見認為實驗林面積廣闊，為臺灣大學一項重大財源。但我不同意此種看法。以往日本東京帝大在該處曾加以巨大投資，本校現在可毋需繼續花錢，固然是事實，就本校之經營原則，一切收入須用於造林，科學研究，

教學實習,及為了林業本身之發展上。一文錢必須有一文錢之用,決不可大家吃,或濫用人員。所以我認為:

1. 盜伐必須禁止。
2. 除必要間伐主伐外,決不可多伐,以致損毀該林。
3. 光復以後濫墾地,應想方法收回,作造林之用。
4. 用人必須不濫用款必須收效。
5. 須有長期造林計劃,逐年認真實行(如不能辦,即是本校之失敗)。

至於本實驗林一切林業行政方面,應按照臺灣省政府有關法令辦理,自不待言尤其要緊與省政府農林廳,林產管理局等機關,應更徹底的合作。此番省府推派邱副局長參加本會議,極表歡迎。又本人已請周教授代表,以後可否請祕書王潞先生列席本會議,以資聯絡,乞斟酌。……

二十三、斥共黨統治區域沒有想的自由

民國 39 年 12 月 7 日《中央日報》報導南京金陵女子文理學院學生因言論問題要求驅逐美籍教授費睿思女士出境一事時,曾訪問傅斯年校長。他表示:「中國大陸和其他共產黨徒統治的區域絕對沒有思想的自由和表達的自由。」又表示:「在共黨統治下的人民,共產黨徒教你怎麼說,你就怎麼說,教你怎麼想,你就怎麼想;不然,你就是希特勒的信徒。其實,史達林才是真正希特勒的信徒。」

這和傅校長在臺灣時期一貫的觀點一致,可算是他最後指責共產黨的言論吧。

二十四、傅斯年向省議會的最後報告

(《新生報》39 年 12 月 21 日,顯著標題為
「傅斯年請省議員鼓勵女子升學」)

國立臺灣大學校長傅斯年,昨(廿)日下午應邀出席省參議會第五次會議時,向全體參議員說:「臺大這一年來已較為進步,學生研究學術風氣甚為濃厚,校方對於窮苦學生膳宿問題,均已圓滿解決,請參議員放心。」

傅校長並稱:「臺大一年來先進保送畢業學生及教授赴美深造十四人,其中臺籍十三人。」(按,原文誤為三人,據前錄〈泛說國立臺灣大學〉改正。)

傅氏指出現在臺大女生較男生差別太大,恐影響女子教育。傅氏說:「臺灣女子受高等教育太少,希望參議員鼓勵女子升學。」

傅氏對臺籍學生多數重視理工科,而忽視文科,認為不當。他說:「現在臺大的臺籍學生多數向自然科學發展,對於社會、歷史課程忽視,將影響對政治的認識。」傅氏要求參議員,勸導臺灣學生多研究文科,至少文科和理工科並重,加強學生對政治的興趣。

(《公論報》39 年 12 月 21 日,顯著標題為「答覆參議員詢問傅斯年最後遺言」)

傅斯年校長在病發前幾秒鐘，他回答參議員有關臺大校務的詢問說：「獎學金制度不應該廢止，對於那些資質好肯用功的，僅只為了沒錢而不能升學的青年，我是萬分同情的，我不能讓他們被摒棄於校門之外」。

又說：「我們辦學，應該先替學生解決其所有之困難，使他們有安心求學的環境。然後才能要求他們用心勤學。如果我們不先替他們解決困難，不讓他們有求學的安定環境，而只要求他們努力讀書，那是不近人情的」。

傅氏這幾句話，不料竟成了他臨終的最後遺言。從上面這些熱情而懇切的談話裡，更令人對他辦學精神的欽佩與崇仰。

二十五、傅斯年校長贈吳三連

民國 39 年底臺灣省舉辦第一屆縣市長及議員選舉，原任官派臺北市長吳三連辭職參加競選，編有「臺北市政三年計劃」。傅斯年校長有題詞如下：

臺北市政欲有進步，必先有計畫，然後按計畫實行之。余到臺灣大學，深感苦痛者，為多年應辦之事未曾辦。其所以然，則以無計畫於先也。大凡天下之事，不進則退，既不辦矣，並維持現狀亦不可能。孔子曰，「三年有成」，此之謂也。吳三連先生，誠實君子也。其為市長雖不久，然應辦之事已著手辦矣。今有三年計畫以告選民，吾信其必能實

行，而非託諸空言也。計畫者，我為主動，應付者，人為主動。市長之職，日治多事，必有應付，然亦必有主動之計畫方可進步。若徒託計畫之虛文，亦復無益，必能言之又能行之。言之而能行之，三連先生其人也。吾預祝其競選之成功，爰為詞以祈之曰

　　三連為乾　其人不偏　言信行篤　眾士稱賢　抒其抱負
期之三年　行道之人　不虞墜淵　取水之人　水流如川
道路坦蕩　學校歌弦　衛生有策　救火有泉　人安其業
樂哉市廛　陪京新政　以俟凱旋　執此相勉　選民曰然
　　　　　　　　　　　　　　　　傅斯年敬書

11.傅斯年先生臺大校長任內墨跡

　　傅斯年先生自民國 38 年元月就任臺灣大學校長，39 年 12 月 20 日逝世，為期尚不足兩年。有五件曾公開的手跡，歷來少人提及，謹列於後：

一、民國 38 年《臺灣新生報》三八婦女節特刊有傅先生題字：

　　對於全民族進步的責任中國婦女至少應負起一半來

二、《中央日報》自民國 38 年 3 月在臺灣發行，16 日起有殷海
　　光主編的「青年週刊」，每逢星期三出版，其刊頭為傅先生
　　所題：

三、《中央日報》社民國 39 年 7 月 13 日舉辦韓戰座談會，傅斯年
　　校長應邀出席，簽名如左下：

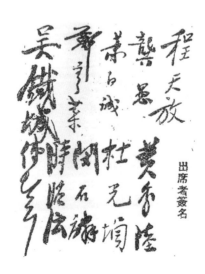

220

四、民國 39 年底臺灣開始實行地方自治，民選縣市長及議員。原
　　官派市長吳三連辭職參加競選。傅校長撰辭表示支持。其手跡
　　由「吳三連競選辦事處」公布。

臺北市政欲其進步，必先有計畫，並設接計畫實行之。余
到臺灣大半年，深感苦痛者，為多年廢之事未曾加。
其他以此，則以無計畫於先也。夫凡天下之事不進則退，謂
既不辦事，華維持現狀必歸於。孔子曰三年有成此之謂
也。吳三連君子也，又為市長輔佐之如應辦事
事之善手辦事，今有三年計畫以告選民，吾信其必能實
行，決非北諸空言也。計畫者我為主動，應付者以為主動
進步。姿態計畫之屢次必復要益必須言之又須行之
言之而能行之，吳三連先生足以也。吾預祝吳競選之成功矣
善詞以祝之旦。

三連日乾　其人不偏　言信行篤　眾士林賢　抒其抱負
期之三年　行道之人　不雲隳淵　取水之人　水流如川
道路埋弱　李枝歌弦　衡生有業　救火有泉　人要其業
察識市聽　隨京新政　以俟凱旋　執此相勉　選民日然

傅斯年敬書

五、民國 39 年 12 月 20 日下午傅校長向臺灣省參議會報告後突發
　　腦溢血症逝世,《中央日報》21 日刊出他蒞會後之簽名,是傅
　　先生最後的墨跡。

後　記

　　四月初完成本書各篇之後，陸續讀到新出兩本有關的書。一是臺大出版中心三月出版，臺灣大學故李東華教授所著《光復初期臺大校史研究 1945-1950》；一是秀威資訊科技公司六月出版，北京大學歐陽哲生教授所著《傅斯年　一生志業研究》。發現拙作中「傅斯年校長在臺時期遺珍」一篇之第 13 件——傅校長召集臺大各單位組主任及股長談話內容之報導，李東華教授的大作頁 274-276 也予全文引錄，其餘則無重複。又李教授大作第四至六章有關傅斯年校長的敘述，有些部分之重點與拙作稍異，建議讀者參閱。至於歐陽哲生教授的大作，乃其舊文之結集，故拙作與之無重複處。謹此說明。

　　再者，有關傅校長在臺大時期所具名之「佈告」，或會議發言，除已摘引於「鞠躬盡瘁死而後已——傅斯年校長與臺大」及「從胡適的一封信看傅斯年苦心經營臺灣大學之例」兩文中之各篇，在「遺珍」一篇中僅選錄一些淺見以為具代表性的。見仁見智，掛一漏萬，皆所難免，至祈方家見諒。

　　民國 103 年 8 月為紀念母校成立七十年（1945-2014）而作

附錄一：羅宗洛先生接收臺大之前後

　　民國 34 年 8 月 15 日第二次世界大戰因日本向盟軍投降而結束，自光緒乙未年（1895）淪陷的寶島臺灣也因此光復，重歸中華國土。當時臺灣唯一的大學，「臺北帝國大學」當然為我國政府接收。雖只是五十七年前往事，惟一些史實已隱晦不明，如「臺大校史」稱：

> 1945 年十一月十五日奉行政院令設國立臺灣大學於帝大原
> 址，任羅宗洛為代校長。

實則羅宗洛先生接收時並非「代校長」身分，而最初的校名也不是「國立臺灣大學」。因不揣簡陋，為近代史鉤沉。謹簡述羅先生接收臺大前後的一些事蹟，以彰其德行，且匡傳訛之誤。並紀念臺灣光復及臺大成立五十七週年。

一、生平簡述

　　羅宗洛先生，浙江黃岩縣人，生於民前十四年（1898）。民國 6 年上海南洋中學畢業後，旋即赴日本留學。十三年後（1930）獲

北海道大學農學博士，返國歷任廣州中山大學、上海暨南大學、南京中央大學，貴州湄潭浙江大學教授。民國 33 年（1944）改任中央研究院植物研究所所長。民國 34 年 10 月到臺灣，11 月 15 日接收「臺北帝國大學」，12 月代理臺大校長。翌年返滬，7 月復任中研院植物研究所所長，37 年（1948）當選中央研究院院士。1953 年中國科學院成立植物生理研究所，任所長。1955 年當選中國科學院學部委員，1978 年病逝上海，享年 81 歲。

二、倉促受命

抗戰勝利，國民政府 9 月 3 日正式受降並決定派陳儀為行政長官接收臺灣。但如何接收「臺北帝國大學」，直到 9 月 19 日教育部尚未決定。據竺可楨民國 34 年的日記：

> 九月十九日　星期三（重慶）晴
> 　　……九點餘朱騮先來，與談半小時。關於臺北大學校長人選問題，薩本棟主張用林語堂，余以為用閩人為宜，林亦廈門人也。……

當時教育部長朱家驊兼任中央研究院院長，他選羅宗洛而非薩本棟和竺可楨建議的林語堂是很有眼光的。因為日據時期，臺北帝大的教職員幾皆日人，而且「帝大」本身有相當水準，故必須請有學術地位的留日學者接收，才能服人。羅宗洛是日本北海道大學農

學博士，師事名學者坂村徹，研究表現也頗出色。因此請他以教育
部特派員身分來接收，是十分恰當的。

羅宗洛倉卒受命，臨時邀請了幾位留日的學者，包括浙江大學
的陳建功，蘇步青、蔡邦華，中央大學的陸志鴻，以及地質學家馬
廷英同行。他並與朱家驊定下四個原則：

(1) 完整地接受，避免破壞和損失。

(2) 接收後即籌備復課，可暫留日籍教授教課，以後隨時逐步
找到適當的我國教授接任。

(3) 當時維持現狀，求得穩定，往後逐步按我國大學規章校正。

(4) 接收完畢，應由新的正式校長來臺灣主持校務。

隨後，羅宗洛等於 10 月 17 日乘美國軍艦，與接收臺灣之行政
長官代表團一同到達基隆。但陳建功，蘇步青、蔡邦華三位自遵義
出發，未趕上船期，11 月 19 日始到臺北。羅宗洛 10 月 25 日參加
了受降儀式，並準備接受臺北帝國大學的工作。

三、臺北大學時期

當時和羅宗洛一同接收臺北帝大的，除從大陸同來的馬廷英、
陸志鴻外，還有請原帝大唯一的臺籍教授杜聰明接收醫學部和曾留
學日本及美國的臺南人林茂生博士接收文政學部。民國 34 年 11 月
15 日正式自日本人前臺北帝大總長安藤一雄手中完成接收，16 日
的《新生報》有如下之報導：

臺北大學正式接收　即招考新生造就本省青年

【本報訊】臺北大學已於昨（十五）日由教育部特派員羅宗洛奉命前往接收。羅氏於上午九時到校，由安藤前總長親自移交各種清冊，隨即接收學生課、庶務課、會計課、理、農、工、醫、文政各學部及其附屬機關及南方人文、南方資源科學、熱帶醫學等三研究所，於下午三時半接收完畢。

關於圖書儀器之點收正在進行中。該校即改為臺北大學，現各部均照常工作、繼續上課，並聞即將招考新生，俾本省青年多得深造之機會云。

據黃宗甄依羅先生日記所著《羅宗洛》一書記載：接收後，原帝大的臺灣年輕教師和學生曾向羅宗洛要求「立即遣返日本教師，日本學生不得進入教室上課，臺灣教育盡速使用國語」。可見日據時代帝大的臺灣學生和助教常受日本人欺侮，故光復後愛國情緒和民族意識特別高張。但羅宗洛等接收的教授認為必須慎重選聘大陸的教授，故除文、法學科的日本人盡速遣返外，理農醫工等日籍教授應採逐步遣返的方式，以維持正常教學。羅宗洛並於 11 月 21 日的《新生報》發表「國立臺北大學之展望」一文，說明他對大學的理念，全文是：

國立臺北大學之展望　羅宗洛

一、大學的目標

大學之目的在於真理之探求，為人群謀福利，世界各國大學之制度，容有不同，然其理想則一，故有學術無國界之說。臺北大學將來必須負起此崇高之任務，不可以臺灣之大

學自居，局促於小範圍之內。要知取法於上，僅得於中，取法於中，僅得於下。吾人可從小處著手，但目標不可不高也。牛津大學設置於牛津，故名。但牛津大學，不是一地方之大學，乃英國之大學，亦世界之大學，劍橋大學亦然。臺北大學雖以臺北得名，然非臺灣之大學，乃中國之國立大學。吾人必須努力，使成為世界之大學。辦理大學，必須有如是高遠之理想，若以近視的眼光，功利的理想來辦理，則斷不能成為真正之大學。

本大學之前身，為日本臺北帝國大學，創立於二十年前（民國十四年開始籌備），奔走規劃者實為大島金太郎先生，大島氏抱有高遠之理想，籌備時雖以開發臺灣產業為辭，實在期造成一完備的農業科學之殿堂。大島氏雖不幸早故，未能完全實現其抱負，然臺北帝國大學農學部，能具如此之規模，未始非氏抱有理想之結果，可資吾人之借鏡。希望臺灣同胞對於此點有明白之認識，不要以本大學為臺灣之大學，應放大眼光，共同努力，使本大學成為具有世界性之學術殿堂，可與牛津、劍橋比美。

二、不要使政治意識指導學術之研究

大學之職責為探求真理，故其研究範圍，不為時空所限，研究環境須有絕對自由，所導入近視的功利主義，甚至以大學為政治行動之工具，則大學之前途有不堪設想者，數年前在國內曾企圖將大學置於政治控制之下，其結果各大學皆呈窒息狀態，奄奄無生氣。今雖撤廢，然痛定思痛，各大學師生猶有談虎色變之慨。單就本大學而言，過去臺北帝國大學，屬於總督府，頗受其累，例如要求短縮學年，限制臺

灣青年入學，不用臺灣人才等等，皆非純粹學府所應有之舉動，實為政治意識貽害之例證。今後本大學已改為國立大學，在本省行政長官愛護之下，此等不合理之事，當不再發生。

三、一二具體問題

期造成一理想的大學，其必具之條件為優良之導師，優秀之學生與完美之設備，關於後者，本大學已有相當之基礎，此後寬籌經費酌予添置即可。今擬陳述關於師資及學生之管見。

大學之理想為探求真理，必須招致富有學識及經驗之學者，來此講學研究，並使負責養成次一代學者之責任。其人選應以其學問人品為標準，不宜存國別、種族、門閥、派別等之偏見。其人而賢，英美人固可，日人亦可，即猶太人、黑人亦無不可。其人而不賢，則留學日本固不可，留學西洋者亦未見其可。今日吾國科學略具規模者，咸推地質學，而造成中國地質學界今日之盛況者，實為葛利普（Grabau）先生，而先生固為美籍之德人也，故用之得其人，不必問其國籍，本省優秀之學者，向為日政府所壓迫，不能得應得之位置。此後障礙已去，自可自由發展，但在目前人才稀少，且交通困難，招致國內學者並非易事，為使弦歌不輟，留用日籍人才，為不可避免之事，何況現存日籍教授中頗多飽學之士，按照本大學之理想，理應敦請留任，此其一。

本省青年過去進大學之機會甚少，此後自宜開放門戶，以宏造就。但有一點不可不注意者，即須保持過去之程度，不可迎合世俗之意見，而行粗製濫造是也。吾人為避免過激之變動起見，所有制度一仍舊慣，故招生時，不可使中學畢

業生直入大學，須知學術之事不能速成，招收一群程度不夠
之學生，置於大學之內，除破壞大學之工作外，別無好處，
且將粗製濫造而產生之大學畢業生，送入社會，徒有百害而
無一利。教局為百年之大計，造就學術人才，必須順序漸進，
斷不可一蹴而及，本省留日學生，現在日本大學專門學校肄
業者，據說有八百人之多，此等學生，將來勢必在本大學繼
續其學業，故本大學不久將為人滿之患。此後每年多招收大
學先修班學生，使本省之中學生，多數有受高等教育之機
會，而一面又保持相當之水準、庶幾本大學有成為世界的大
學之希望。

羅宗洛一方面以「接收主任委員」身分接管臺北大學，並向教育部
推薦接收後的行政主管：理學院長蘇步青，工學院長陸志鴻，農學
院長蔡邦華，醫學院長杜聰明，文學院和法學院長林茂生，教務長
陳建功，總務長陳兼善，祕書長周昌壽。一方面向朱家驊要求即派
正式校長來臺。政府原擬委任曾留學日本和法國的心理學家陳大齊
先生為臺北大學校長，陳先生曾任北大和北師大教授，是中國最早
的實驗心理學者，當時為考試院祕書長。但因聽說臺灣行政長官陳
儀行事專橫，不願受其干擾，11 月 23 日覆電羅宗洛，正式決定不
來臺就職。羅宗洛評論此事時曾在日記中寫道：「百年（陳大齊字）
品學均佳，惜無勇氣」。

　　羅宗洛雖未擔任校長，但並不因此就不顧校務，仍積極邀請學
者來校任教。並於 11 月 28 日在《新生報》正式發布兩則招生廣告。
一是「國立臺北大學臨時招生廣告」。預計招收理學院四系（化學、
動物、植物、地質），農學院五系（農學、農藝化學、農業經濟、

農業土木、獸醫），工學院四系（土木、機械、電氣、化工）每系十人。以審查高等學校成績為錄取順序，若超出名額才「酌予考試」，自 12 月 1 日至 10 日報名，預定 25 日公布結果。另一是「國立臺北大學附屬大學先修班（舊大學豫科）招生廣告」包括文科一百二十名，理科理、農、醫、工類各五十名。報名日期為 12 月 1 至 15 日，考試科目為英語、數學（23 日）和國語國文（24 日），預定 35 年 1 月 5 日公布結果。招收日制中學校畢業或「修了」學生，但特別說明「本屆不收女生」。

　　同時他也自 12 月 7 日到 19 日，偕陳建功、蘇步青、蔡邦華、陸志鴻、馬廷英和杜聰明等訪察新竹、臺中、嘉義、臺南、高雄、屏東各地。除了解現況外，也思考如何利用原有基礎來進行未來的研究發展事業。

四、臺灣大學代校長

　　由於陳大齊不肯就任，一時也缺乏適當的校長人選，朱家驊只好請羅宗洛同意出任代理校長。唯依政府制度，國立大學校長須由行政院報請國民政府主席任命，到了 12 月 15 日才正式將校名定為《國立臺灣大學》，由羅宗洛任代校長。在 12 月 26 日《新生報》一版的公告如下：

國立臺灣大學布告

　　案奉　教育部十二月十五日高字第六三二四二號代電內開：

> 『臺北帝國大學經部提行政院會議改為國立臺灣大學已決議通過合電知照』等因據此除分函外合行布告周知

代校長　羅宗洛

同時《新生報》上也公告了招生結果（附件二），只錄取工學院李梆鈴等 24 名，農學院張如栢等 6 名和理學院彭泰源等 6 名，共 36 名遠少於原有名額 130 人。此「國立臺灣大學招生揭曉公告」中並規定「以上諸生務須於中華民國三十五年一月五日親到本大學報到」。

同年 12 月 31 日的《新生報》又刊登了「國立臺灣大學先修班公告」，提前公布錄取名單，共文科 109 名，理科理類 29 名，農類 16 名，工類 42 名和醫類 50 名。總計 246 名也少於原有名額 320 人，其中只有理科醫類招滿五十名。公告中規定 35 年 1 月 4 日須到先修班接受身體檢查。據筆者所知，大學本科或先修班都有一部分人未報到入學。

羅宗洛在代校長期內正如陳大齊所預料，遭遇最大的困難是陳儀干涉校務。因陳儀不同意林茂生擔任文、法學院院長，故林茂生未能正式任職，但陳儀指派的文學院和法學院長也不為羅宗洛所接受。陳儀就扣發臺大的經費以逼羅宗洛就範。另外陳建功，蘇步青和蔡邦華三位原浙江大學的教授也必須在寒假後回浙大教課。因此羅宗洛與他們三人於 2 月 8 日乘飛機回到上海，羅宗洛除向朱家驊爭取經費外，也為臺大聘了一些教授如沈璿為數學系主任，朱洗為動物系主任，並返四川北碚中央研究院料理事務。但經費問題始終無法解決，因當時臺灣算是特別區域，另外發行臺幣，中央政府不

能直接匯款到臺灣。羅宗洛 4 月 9 日回臺北後只好用日本人在臺大留下的一些餘款支撐校務之推行。

五、省參議會報告

民國 35 年 5 月 11 日是首屆臺灣省參議會的第十一天，羅宗洛出席報告，發表了「今後之臺灣大學」一文，刊於次日的《新生報》第二版。全文如下：

今後之臺灣大學（羅校長宗洛述改進意見）

(1) 院系之改造與充實

(一) **文政學部**　應改為文學院及法學院，文學院置文學系，哲學系，史學系，法學院置法律系，經濟系，政治系。二院與思想文化有密切之關係，自應招聘國內優秀學者來臺講學，以圖宣揚祖國之文化。日籍教員，除一二特殊者外，以不聘用為原則。舊文政學部中，頗多關於臺灣南洋華僑之文獻。此後文法兩院，自應繼續搜求詳加研究。

(二) **理學部**　改稱理學院，添設數學，物理二系。數學過去僅一講座但圖籍甚富，稍加補充即可成系。物理學系則可以農業氣象學，工業物理學及理學院之普通物理學第四講座組織之四講座之設備即為物理學系之設備，加以適宜之補充，研究教課兩無問題也。

(三) **工學部** 改稱工學院，舊帝大工學部成立於戰爭期內，教室與設備較各部大有遜色。此後三年，應加速建築教室及工場添置機械及儀器鑑於目前本省切迫之需要礦冶工程學系，亦應添設。

(四) **農學部** 改稱農學院，原有農學，農業經濟，獸醫農藝化學及農業土木之五專攻，改為農學，園藝，農業生物，農業經濟，畜牧獸醫，農業化學及農業工學等七系，最近將來擬添設森林學系。

(五) **醫學部** 改稱醫學院，內容大體仍舊，唯因第二附屬醫院及漢藥治療科等之添設人員略有增加。

(六) **南方人文研究所** 注重華南南洋人文之研究，應改稱華南人文研究所，研究臺灣與荷蘭西班牙葡萄牙英法日等之歷史的關係。臺灣華南南洋之民俗學的研究，南洋華僑之發展史等等。關於此類之文獻，所中甚多。過去所中有精通荷西等國之文字及南洋史之日人，應予留用使其搜集整理翻譯稀有之史料。

(七) **南方資源科學研究所** 改稱華南資源研究所，舊有三部，仍繼續存在。添第四部，以研究華南生物之資源其目的，注重野生動植物之生態的調查。

(八) **熱帶醫學研究所** 名稱及組織，一仍其舊。所製血清，向僅供臺灣一地之用，此後當擴大製造輸入內地。

(2) **教授**

學術無國界，日籍教授之優秀者，自應請其留任，大多數之日籍教授在校任教多年研究室皆所手創，一旦移交，不無留戀之情。加之日本國內形勢混沌求適當之位置，尚且不

易，更何有於之研究，故多願留任，吾人應利用日人此種心理，優加禮遇，使安心工作。以教導吾國青年。

　　吾國久有才難之歎，研究學術之人才，尤寥若晨星。論者皆以派遣留學生為補救之道。其實養成人才，應求諸己，若以派遣留學者為造就人才唯一之方法，則既不經濟而國內大學永無發達之望。不如充實國內大學之設備，招致外國學者講學於其間造就較宏。本大學各學院之設備，均具規模，若能招致歐美著名之學者來此講學，則其效果當較派遣留學生為大。

　　招聘內地優秀學者至臺灣講學，亦為當務之急，惜國內亦有師荒之歎。若將優秀學者，概行羅致，則各大學當大受影響，自國家之立場觀之決非善法，但臺灣光復伊始，百事待興，而臺大各系之主持者，不能無人，故調用教授為不可避免之舉，此則應請教育部及各國立大學協助者也。

(3) 學制之改革

　　日本學制，大學之修業年限，除醫學部為四年外，餘均為三年。今年暑後，臺灣大學之修業年限，醫學院應改五年，餘四年。即以現在先修班之二年級為大學一年級，而原大學之一二三年級，改為二三四年級。此後先修班之修業年限為一年，如是則學制可與國內大學一致，而臺大之程度，可不至於降低。

　　日本帝國大學中，有一特色，即講座制是也，日本大正八年二月，敕令第十二號帝國大學令第十一條「學部學院設置講座」，「講座由教授擔任之。但教授缺員或有其他特別事情時，得以助教授或囑託講師擔任之」。同令第十二條「講

座之種類及其數另以勒令規定之」。故日本之帝國大學,以講座為單位積若干講座為學科(即吾國之學系),若干學科為學部,但各講座各有其獨立之預算,學科有名無實,吾國之系主任在帝國大學中,無其存在。講座之內容,有時變更,最近大抵如次:教授一人,助教授一人,助手二人,囑託講師二人,雇員及傭工若干。講座制之優劣未易論定,其優點如下:

(一) 講座為教學及研究之單位,各有獨立之豫算,各講座在其豫算範圍內,可作種種之計劃進行工作。

(二) 講座為預算之單位,預算較易實行。

其短處如下:

(一) 以講座為單位,容易造成群雄割據之局面,設備重複者多,最不經濟。

(二) 每講座僅一教授,苟非退職或停年,則從彼工作之優秀青年,無法取得教授之地位。

如此利害各半,吾人應用其長而捨其短,值得深加考慮者也。本大學接收伊始,種種制度,皆仍其舊,但因日本之講座與吾國所謂講座者不同。故稱之曰研究室(見本大學暫行組織規程第二十一條)。

(4) **青年學者之養成與內地學生之招收。**

本大學各部份,皆有完備之研究室,指導者概為斯道之權威,應盡量利用此等設備。招收優秀之大學畢業生,來此研究蔚成專材,其詳細辦法已由臺灣區教育復原輔導委員會草擬呈核,茲不贅。

　　本省人民，民族意識雖甚濃厚，但經日本五十一年之統治，思想及生活習慣，受日本人之同化甚深，改變匪易。茲好招來國內學生，與臺籍學生共學，一面遣送大量臺籍學生至國內各大學肄業，如是文化交流不知不識之間，得收移風易俗之果矣。

《新生報》所報導 11 日質詢臺大及參議員黃純青和林日高的質詢內容部分如下：

發揮臺灣大學特色　宜研究本省精神文化

　　十分鐘休息後，國立臺灣大學校長羅宗洛穿淡青色長衫，履黑布鞋，大有學者之風度，飄然登場報告大學接收工作及今後之改進意見（另載）。

　　羅校長報告完了，百題議員黃純青氏捷足先登開始詢問：

▲黃純青：我要向羅校長請教的有三條，第一，臺灣大學是設立在海外孤島的臺灣，可是它負有貢獻祖國及世界學術之使命，故希望多多採取世界文化，聘請歐美教授。第二，要把我中華民族精神發揚光大，聘請國內一流教授來臺講學。第三，本省人在日人治下只有杜聰明博士當教授，希望今後多多採用本省人有為青年作教授。

▲羅校長：黃參議員所說很同感。

▲黃：希望臺灣大學對臺灣過去的歷史，和文學等要有新意的研究，臺灣有民族英雄鄭成功的精神歷史，所以對鄭成功以來的臺灣與祖國的交通，應有真摯的研究，發揮臺灣大學的特色。

▲羅：同感，現在文政學部分開設立文學院，就是這個發揮臺灣的特色，將來國內的教授會來共同合作，是很好的。

▲黃：臺灣大學研究對象，必要擴大到南洋之研究，將來可以領導全國大學，研究南方問題，不知羅校長有這樣打算嗎？

▲羅：關於方才所說的，第一，臺大對國內貢獻這一點，要看大學辦得好不好，辦得好，還可以貢獻世界。第二，臺灣特色的問題，國內外都歡喜來研究，對南方開發，還有點難說。

▲黃：國內大學，聽說注重教育，看輕研究，臺灣大學，不要這樣做，要有充分的研究，才能夠發揮好的教育，一面也可以提高臺灣大學的水準。

▲羅：同感。

▲黃：胡適博士，少時候曾來臺灣，他和臺灣是有關係的，可以請他來當教授嗎？又林語堂先生是福建人，也可以請他來當臺大教授。

▲羅：同感，胡博士可以請中央聘請，不過林語堂先生，在美國生活很浪漫，恐怕臺大的經費，不能滿足他的費用。

▲黃：博物館有臺灣民主國旗，民族英雄鄭成功的像，並鄭成功受降荷蘭的圖，這三點都是民族最光輝的資料，不知道有接收嗎？

▲羅：（笑）還沒有接收。

▲林日高：學校設備好，可是校長別拘束要保持學術自由，給教授盡量去研究才是。

▲羅校長：很好，我們一定去做。

　　▲林：要組織教育委員會，參與學校行政，給他真的民主化。
　　▲羅：我們有校務委員會議，各學院、研究室，都有代表參
　　　加組織，已相當民主化了。

除此之外，還有參議員吳鴻森、郭國基和蘇維梁問了一些問題，如
郭國基問本省可否派學生到外國留學，蘇維梁問臺大的經費問題，
其他內容因未載報端而無法得知。

六、離開臺大

　　根據黃宗甄的《羅宗洛》書中所載，羅宗洛曾在日記中言及與
陳儀的衝突「由於余等不聽其支配，若吾人不俯首投降，彼此之關
係終無法改善。」羅宗洛有其辦學之原則和理念，當然不能聽任陳
儀胡為。但意見參商，則導致如林茂生始終未能就院長職，臺大也
因此拿不到應有的經費。朱家驊曾答應羅宗洛將設法要求陳儀撥
款，卻一直沒有下文。羅宗洛只得在五月十八日離開臺灣，並於十
七日向陳儀辭行。在上飛機前十分鐘陳儀派人代表送行，並告知他
已簽發臺大三月和四月的經費。又據同機赴上海的嚴家淦告訴羅宗
洛，陳儀是十七日確知羅宗洛將離開後，才下手令限當天下午五時
前送款到臺大。明白表現陳儀專橫無理的心態和逼走羅宗洛之惡
行。這也是抗戰勝利後政府誤派陳儀來臺，令本省同胞與知情人士
失望之一例。

羅宗洛回到南京仍各方奔走為臺大爭取經費，終於獲得行政院蔣夢麟祕書長的同意，由行政院指令臺灣行政長官公署，將臺大開支列入公署預算之中定期撥給。然後他就向朱家驊辭去代校長，堅自七月一日起不再續任。九個多月來，從準備接收到為繼任者陸志鴻教授解決了經費問題的艱困歲月，終於結束。

羅先生高風亮節，個性謙和，但不屈從惡勢力；學識淵博，研究成就傑出；愛護青年學子，對大學教育有高超的理想，可稱一代學人與教育家。又善知人任事，能以理性、客觀之態度順利完成接收工作，也能因適度留用日籍教授，而維持當時臺大校園弦歌不絕，研究延續，極為難能可貴。他離臺兩年多之後又曾再度短期來臺，協助其好友、臺大第三任校長莊長恭先生處理校內繁雜之行政與人事問題。羅先生這樣不辭辛勞、不計名利，盡心盡力對於重歸祖國後的臺灣大學教育之付出，更足為教育與學術界的表率，也應永受景仰。

（原載《歷史月刊》2002 年 11 月號，頁 124-132，
2013 年 12 月修訂）

附錄二：傅斯年校長的精神不見了

　　民國 94 年 11 月 15 日是臺灣大學的六十週年校慶紀念日，11 月 29 日（聯合報）載，五十六年前因「四六事件」離開臺灣的臺大老校友於校慶日之後返校參觀，追悼傅斯年校長。據報導他們表示當年雖沒有醉月湖，當然更沒「傅鐘」和「傅園」，但他們有位讓人永遠懷念的校長傅斯年。然而這些老校友或許不知道：現在的臺大，雖有傅鐘、傅園，卻快找不到傅斯年的精神了。

　　民國 38 年臺大第四屆校慶時的演說詞中，傅校長提出「敦品、力學、愛國、愛人」的勉詞。若干年後改「力」為「勵」而這八個字成為臺大的校訓。在校訓中明列「愛國」的恐還不多吧，這是由於傅斯年校長是位維護、發揚五千年中華文化為原則的愛國主義者。他「反共」是反對中共採用蘇聯帝國主義方式摧毀中國文化，所以他特別標出「愛國」，希望臺大師生為了愛國而努力求進步。

　　可惜近年來由於政治因素，一般人常迴避「愛國」一辭。幾個月前臺大新任校長主持「策略規劃會議」中，論及臺大的核心價值時，竟重新闡釋「校訓的涵義」，將「愛國」解釋為「關懷、熱情」！似乎有點不通，更與傅校長的原意相去十萬八千里。傅校長辦大學是本著為學術、為青年、為中國和世界的文化，而非為政治的精神。可惜有心人的操弄下，傅校長的愛國精神卻快要不見了。

　　（原載於《海峽評論》第 181 期，頁 191，95 年 1 月）

Do人物29　PC0509

傅鐘55響
——傅斯年先生遺珍

作　　者／劉廣定
責任編輯／廖妘甄、李書豪
圖文排版／楊家齊
封面設計／蔡瑋筠

發 行 人／宋政坤
出　　版／獨立作家
　　　　　地址：114 臺北市內湖區瑞光路76巷65號1樓
　　　　　電話：+886-2-2796-3638　傳真：+886-2-2796-1377
　　　　　服務信箱：service@showwe.com.tw
　　　　　http://www.bodbooks.com.tw
印　　製／秀威資訊科技股份有限公司
　　　　　http://www.showwe.com.tw
展售門市／國家書店【松江門市】
　　　　　地址：104 臺北市中山區松江路209號1樓
　　　　　電話：+886-2-2518-0207　傳真：+886-2-2518-0778
網路訂購／http://www.govbooks.com.tw
法律顧問／毛國樑　律師
總 經 銷／時報文化出版企業股份有限公司
　　　　　地址：333桃園縣龜山鄉萬壽路2段351號
　　　　　電話：+886-2-2306-6842

出版日期／2015年10月　BOD一版　定價／310元

|獨立|作家|
Independent Author

寫自己的故事，唱自己的歌

傅鐘55響：傅斯年先生遺珍 / 劉廣定著. -- 一版. -- 臺
北市：獨立作家, 2015.10
　　面；　　公分. -- (Do人物；PC0509)
BOD版
ISBN 978-986-5729-90-5(平裝)

1. 傅斯年　2. 臺灣傳記

783.3886　　　　　　　　　　　　　104010778

國家圖書館出版品預行編目

讀者回函卡

感謝您購買本書，為提升服務品質，請填妥以下資料，將讀者回函卡直接寄回或傳真本公司，收到您的寶貴意見後，我們會收藏記錄及檢討，謝謝！
如您需要了解本公司最新出版書目、購書優惠或企劃活動，歡迎您上網查詢或下載相關資料：http:// www.showwe.com.tw

您購買的書名：＿＿＿＿＿＿＿＿＿＿＿＿＿＿＿＿＿＿＿＿＿＿＿

出生日期：＿＿＿＿＿年＿＿＿＿＿月＿＿＿＿＿日

學歷：□高中 (含) 以下　　□大專　　□研究所 (含) 以上

職業：□製造業　□金融業　□資訊業　□軍警　□傳播業　□自由業
　　　□服務業　□公務員　□教職　　□學生　□家管　　□其它＿＿＿

購書地點：□網路書店　□實體書店　□書展　□郵購　□贈閱　□其他

您從何得知本書的消息？

　□網路書店　□實體書店　□網路搜尋　□電子報　□書訊　□雜誌
　□傳播媒體　□親友推薦　□網站推薦　□部落格　□其他＿＿＿＿＿

您對本書的評價：（請填代號　1.非常滿意　2.滿意　3.尚可　4.再改進）

　封面設計＿＿＿　版面編排＿＿＿　內容＿＿＿　文／譯筆＿＿＿　價格＿＿＿

讀完書後您覺得：

　□很有收穫　□有收穫　□收穫不多　□沒收穫

對我們的建議：＿＿＿＿＿＿＿＿＿＿＿＿＿＿＿＿＿＿＿＿＿＿＿

＿＿＿＿＿＿＿＿＿＿＿＿＿＿＿＿＿＿＿＿＿＿＿＿＿＿＿＿＿＿＿＿＿

＿＿＿＿＿＿＿＿＿＿＿＿＿＿＿＿＿＿＿＿＿＿＿＿＿＿＿＿＿＿＿＿＿

＿＿＿＿＿＿＿＿＿＿＿＿＿＿＿＿＿＿＿＿＿＿＿＿＿＿＿＿＿＿＿＿＿

11466
台北市內湖區瑞光路 76 巷 65 號 1 樓

獨立作家讀者服務部　　　收

....

（請沿線對折寄回，謝謝！）

姓　　名：_____　年齡：_____　性別：□女　□男

郵遞區號：□□□□□

地　　址：_____

聯絡電話：(日) _____　(夜) _____

E-mail：_____